AF503918

Denis DEREIME

LE PETIT-NEVEU DE RAMEAU

PARIS
ARMAND LE CHEVALIER,
61, rue de Richelieu
1875

LE
PETIT-NEVEU DE RAMEAU

Par

Denis DEREIME

J'ai le malheur de tutoyer Edouard-Edmond C..... Que voulez-vous? on ne choisit pas ses camarades de collége, et la fatalité a voulu que nous nous rencontrions en moyenne dix fois par an depuis douze ans. Edouard-Edmond n'est pas une relation dont on soit fier : il est journaliste..... facile, pour le moment au service de M. Rouher et de son chérubin. C'est, d'ailleurs, un causeur amusant, au courant de tout : politique, diplomatie, galanterie haute et petite. Les nouvelles les plus graves et les cancans les plus alléchants, il les sait et vous les confie le premier : parbleu, c'est lui qui les fabrique !

En sortant du collége, Edouard-Edmond, bachelier fort distingué, et même, je crois, licencié ès-lettres, chercha longtemps comment gagner son pain et utiliser un apprentissage littéraire de douze années. Sa famille l'avait dirigé vers l'Ecole normale, qui est le refuge, à cette époque critique de la vie, des jeunes gens qui ne sont riches que de savoir. Il trompa ses vues et entra hardiment dans cette bohême qui a fourni quelques hommes à nos révolutions. Je le fréquentais un peu alors : c'était un réfractaire convaincu, dont l'habit à jours et les bottes éculées inspiraient un regard de pitié aux passants ; c'était un artiste, qui travaillait par boutades, et donnait par-ci par-là, dans des revues ignorées, des pages inspirées. Il chantait la sainte République sur les airs de Pierre Dupont ; il croyait à la question sociale, à l'athéisme et à l'Humanité-Dieu. Dans les *caboulots* où il rencontrait ses jeunes coreligionnaires, il déclamait des vers à faire sauter le gouvernement et le bon Dieu. Il a jeté sa gourme, et la nécessité de trouver tous les jours un dîner lui parut de plus en plus amère à mesure qu'il devint homme. Un jour, un parrain, marchand de vins, qu'il voyait au commencement de chaque année, le présenta à un monsieur important qui avait besoin d'un article *bien tapé* en faveur de je ne sais quelle entreprise industrielle. Edouard-Edmond se fait conter en gros de quoi il s'agit, bâcle douze pages enthousiastes, après avoir absorbé douze petits verres, et touche cent francs. Ces cent francs, il me l'a souvent dit, ont marqué la fin de ses illusions et le commencement de sa fortune.

« — Quand on se mêle d'écrivailler, disait le par-
« rain marchand de vins, ce qui est le dernier des
« métiers, quoi! eh bien, il faut au moins que ça
« rapporte! »

Et ça a rapporté. Aujourd'hui mon réfractaire est l'homme le plus souple de la terre ; il est déguisé à la dernière mode et gagne bon an mal an les appointements d'un sous-secrétaire d'Etat. Les journaux réactionnaires se l'arrachent : nul mieux que lui n'exploite la couardise de certains bourgeois. J'ai retrouvé sa verve ancienne et ses instincts anti-sociaux dans telle composition dont il charge mystérieusement « *un affilié de l'Internationale.* » Il n'est point de canard, ni de bourde grossière qu'il ne lance avec succès s'il s'agit d'effaroucher les électeurs peureux à la veille du scrutin. Il sait toutes les rancunes qui couvent, tous les ressentiments mal éteints, et il attise ce feu gaillardement, comptant sur un auditoire égoïste qui trouve, par principe, ses calembredaines pleines de sens et ses calembours pleins de sel. Cette besogne détestable, il la fait sans passion : voyez-le, c'est le plus charmant des hommes, et si vous lui reprochez de préparer la guerre civile, il vous répondra par une sornette. Il fait son métier, voilà tout ; il débite ses lazzis comme le parrain son vin ; il est entré dans l'habit qu'il porte, il s'y trouve à l'aise, et la galerie croit, sur la violence venimeuse de ses excitations, à la véhémence de ses convictions. Or, il se f... de tout, et surtout du gouvernement qui accepte sa compromettante alliance. Car il est à son heure écrivain politique, et on le lit à l'Assemblée. Maintenant il a gardé de l'entregent, de l'aisance à se glisser partout, et à dire partout son avis, comme un honnête homme : le fait est qu'il a les allures cordiales, tendant la main même à ses adversaires, leur ouvrant sa bourse ou leur fournissant des renseignements, utile à tout le monde et utilisé de tout le monde.

« — Il n'y a pas moyen de se fâcher contre Edouard, disait H..., il est si bonne fille ! »

Il se déclare très-heureux. Du jour où il a vu un industriel lui payer cent francs une complaisance de plume, il a compris que la société ne tenait rigueur qu'aux Alceste qui refusaient de servir ses vices et d'exploiter ses intérêts.

Je le rencontrai l'autre soir chez Brébant ; il était au rez-de-chaussée avec des confrères. Ceux-ci l'ayant quitté, il m'aborda. Je pris plaisir à le faire causer de tout, sans le contredire autrement que pour échauffer sa verve et surexciter son scepticisme. Quelquefois je feignais d'entrer dans sa manière de voir ; je fus, d'autre part, entraîné à disserter pour mon propre compte. Cet entretien est resté dans mon souvenir ; je le reproduis exactement, avec ce caractère de cynisme que mon interlocuteur lui a donné et qu'a acccentué le dénouement de la soirée.

Moi. Eh bien, que fais-tu maintenant?

Lui. Des lignes et puis encore des lignes D'autres font des discours, je ne les envie pas. Que dis-tu du gâchis?

Moi. Que tout Français patriote doit s'en désoler.

Lui. Bah, les Français patriotes s'ennuieraient trop si le tintamarre politique ne leur rebattait pas les oreilles.

Moi. Et puis, où tout cela nous conduira-t-il?

Lui. A une solution que je ne connais pas, ni toi non plus, et à laquelle tu applaudiras et moi aussi.

Moi. Je n'applaudirai qu'à l'établissement d'un gouvernement républicain dont l'action se fera sentir le moins possible et qui favorisera sincèrement, en pratiquant le *laissez faire* et le *laissez passer*, les aspirations libérales, le goût d'indépendance, l'initiative d'un grand peuple. Ce peuple est las des charlatans de morale, des tyranneaux sans idée, sans résolution, qui croient berner les petits-fils de la Révolution française avec des phrases et des formules qu'on sifflerait, si elles se présentaient au théâtre Saint-Pierre.

Lui. Bah, crois-tu que tous les bons électeurs qui nomment des républicains pour faire niche aux gros bonnets de leur endroit soient pleins de cet enthousiasme et animés de cette foi ?

Moi. Je crois que le spectacle de ce qui se passe depuis trois ans soulève leur cœur de dégoût.

Lui. Tu exagères ; les Français aiment le changement, et voilà tout ; il faut les divertir par des spectacles nouveaux, métamorphoser tous les cinq ans la capitale des plaisirs, livrer en proie l'étranger à la cupidité des petits commerçants par des expositions universelles, par des fêtes, par des revues, par des inangurations de toute nature : le gouvernement qui saura les amuser ainsi sera solidement établi sur les passions mêmes des Français.

Moi. C'est là ta doctrine politique empruntée à l'histoire du second empire. Tu n'as pas remarqué que les Français ne chantaient plus et dansaient très-peu : à peine chansonnent-ils encore les ministres qui filent. Ils réfléchissent, ils calculent ce que coûte l'insouciance en matière palitique ; ils font le bilan du passé, et attendent l'heure de mettre en pratique ce grand système tant décrié et jamais essayé, supérieur à tous les expédients du césarisme et de la royauté, économique : le système de la liberté.

Lui. C'est un mot sonore, mais personne n'a jamais vu la chose.

Moi. Il faudrait la voir.

Lui. Tu voudrais revoir M. Gaillard et sa progé-
niture, entendre les homélies ineptes de Budaille et
les applaudissements d'une foule idiotisée? Allons
donc !

Moi. Il y avait une fois une marâtre qui maintenait
constamment son enfant de six ans dans une enceinte
d'osier; il ne prenait point sa croissance et dépéris-
sait à vue d'œil. On disait à cette femme : « Mais il
est assez grand pour marcher. » Alors elle ôtait soudain le cercle d'osier, et l'enfant tombait : « Vous
voyez-bien, disait-elle, qu'il ne peut s'en passer! »

Lui. Voilà une jolie allégorie, elle pourra me servir;
mais t'imagines-tu que nos charmauts compatriotes
soient aussi affamés d'initiative et d'indépendance?
Ne font-ils pas leur gouvernement, quel qu'il soit,
détenteur de la somme des libertés individuelles,
c'est-à-dire autocratique et absolu? Est-ce que tout le
monde ici n'a pas les yeux fixés sur le chef de l'Etat
et ne lui attribue pas le mal comme le bien? Ce
peuple de fonctionnaires a-t-il le moindre sentiment
de sa responsabilité propre? Et s'il travaille, n'est-ce
pas le souverain qu'il remercie de la prospérité de
ses affaires?

Moi. Cette naïveté est, en effet, bien digne de mo-
querie; mais prends garde que si le gouvernement
engage la nation, aveuglément obéissante, dans une

guerre désastreuse, c'est lui aussi que la conscience publique accuse, et alors chacun fait un retour sur soi-même, chacun reconnaît la faute qu'il a faite en confiant ses intérêts les plus sacrés, son honneur, sa vie à quelques hommes, et chacun réclame le droit de se gouverner soi-même et de ne devoir qu'à soi, c'est-à-dire à des intendants sévèrement contrôlés, le renom ou la dégradation de la patrie française.

Lui. Tout cela est excellent dans une adresse aux électeurs; mais je suis pratique et tu ne l'es pas; mais je vois la bourgeoisie française telle qu'elle est, et tu la vois à travers tes lunettes jacobines. Mais mon journal, que tu appelles avec quelque raison une feuille de joie, tire à trente-deux mille exemplaires dans cette morte-saison; mais le bourgeois français aimera toujours mieux un gouvernement absolu, de la galanterie, des fêtes, et un agio formidable, que la liberté.

Moi. Le 18 mars 1871, Paris tout entier s'insurgeait; ce goût de l'indépendance qui est dans le cœur de tout Français, quoi que tu dises, faisait explosion : le grand enfant si longtemps retenu dans un cercle, non d'osier, mais de fer, a trébuché dans le sang et dans le feu; mais les ambitieux coquins qui ont exploité les aspirations libérales des Parisiens, les Cluseret, les Dombrowski, les Henri, les Pyat, les Rigaut, n'ont pas réussi à provoquer une réaction; le spectacle de

1.

la licence n'a pas dégoûté ces Français légers et inconstants de la liberté. Au mois de juillet 1871, ils ont confirmé la protestation qu'ils avaient entendu ébaucher le 18 mars contre la réaction versaillaise.

Lui. Tiens, je te l'accorde, la France aime la liberté, mais à peu près comme Faust aimait Marguerite : elle serait désolée de la posséder. Au contraire, ces peuples dont nos législateurs citent l'exemple à tout propos, l'Anglais, l'Américain, possèdent et pratiquent la liberté; aussi leurs lois sont-elles plus libérales que leurs mœurs : chez nous, les réformes sont toujours accomplies dans l'opinion publique avant d'entrer dans la législation.

Les républicains parisiens sont des poursuivants de l'idéal; leurs rêveries étonnent l'Europe, vieille femme qui vit depuis longtemps en ménage avec les idées. Elle les traite de cerveaux brûlés; il est vrai que leur agitation lui donne le cauchemar.

Pendant la dernière guerre, tout ce qui tient une plume ici s'écriait : « Que deviendrait l'Europe sans « la France, le monde sans Paris, ce flambeau de la « civilisation? » Les poètes mettaient cela en vers. C'est que nous sommes amoureux de nous-mêmes, et nous perdons notre temps à nous regarder.

En réalité, nos révolutions ont toujours profité plus à nos voisins qu'à nous-mêmes; nous sommes trop artistes et trop attachés à la forme, nous aimons à prendre la défense des idées nouvelles pour prendre la défense des idées nouvelles ; toutes les revendications rencontrent chez nous une sympathie exquise ; notre faculté d'enthousiasme ne demande qu'un aliment ; — et la Pologne, et l'Italie (jadis), et le prolétariat, et l'affranchissement des peuples-frères par la République universelle sont de trop beaux objets de passion platonique pour que nous nous occupions de sauver d'abord dans notre maison la liberté individuelle...

Moi. Il y a là-dedans une partie de vérité et une partie d'erreur.

Lui. La vraie formule de l'homme qui veut être libre c'est : ni commander, ni servir. Elle ne convient pas au Français, qui est simplement révolutionnaire, et uniquement apte, selon les circonstances, ou à commander, ou à servir. On reconnaît bien ce double caractère dans l'histoire des révolutions successives qu'il a faites : il n'y a pas de pays où la popularité soit quelque chose de plus fugitif, et où les idoles deviennent aussi rapidement des parias ; il est, en outre, vrai qu'il n'y a pas de pays où les grands crimes politiques obtiennent plus vite l'amnistie de l'oubli.

Moi. Ecrivain bonapartiste, tu as de bonnes raisons de parler ainsi.

Lui. Et je n'en aurais pas que je parlerais de même. Les républicains sont le seul parti politique dont le succès ne justifie pas toutes les entreprises : à l'égard d'une révolution d'où la République est issue, il y a toujours prescription : le droit monarchique se déclare permanent et inaliénable ; le droit républicain aussi, seulement l'un a pour lui l'argent et l'armée, l'autre n'a rien ; l'un s'affirme par des actes, coups d'Etat, ordonnances, proscriptions, fusillades ; l'autre a peur de s'affirmer. L'un est sanctionné par la lâcheté des classes aisées, l'autre est et demeure criminel.

Moi. Allons, tu analyses les faits exactement et tu nous rends justice. Oui, la masse est toujours où la force demeure. La multitude accourt et se joint, pour acclamer le triomphe du *droit*, aux classes dirigeantes, ainsi appelées parce qu'on ne pouvait les appeler laborieuses. Mais remarque que la multitude, ainsi dressée à suivre exclusivement la force, ne distingue plus dans une guerre civile où est la morale, où est la justice : elle perd le respect de ce mot sonore, — l'autorité ; — elle rêve d'être elle-même la force et de suppléer aux défaillances successives de gouvernements qui ne représentent plus à ses yeux que des convoitises individuelles.

Lui. Il me semble que, pour un républicain, tu es diablement sceptique ; sais-tu que ton langage est médiocrement orthodoxe, et que tu vas t'attirer les holà des prudents pédagogues de la *République française?*

Moi. En politique, il y a deux sortes de scepticismes : un scepticisme loyal et généreux, qui se donne pour tâche de détruire les idées préconçues, d'éclairer la multitude afin d'augmenter son bien-être, et un scepticisme machiavélique, qui s'accommode de tous les préjugés, loin de les repousser, les adopte et les exploite à son seul profit. Ç'a été un spectacle nouveau, que celui des voltairiens au pouvoir : autrefois c'étaient des fanatiques qui livraient aux flammes le livre *de l'Esprit;* aujourd'hui la libre-pensée est persécutée par des héritiers de la Révolution, qui se sont enorgueillis et ont trafiqué de ce titre.

Eh bien, ce spectacle est fait pour discréditer encore le vieux dogme gouvernemental : les Tartuffes qui osent prendre le nom de *conservateurs* peuvent s'écrier, en toute vérité :

« — L'autorité se meurt! L'autorité est morte! » L'autorité, c'est eux qui l'ont tuée; elle a été étouffée dans la boue par le scandale de leurs palinodies.

Les vieux clichés, qui ont servi à tous les pouvoirs, ne retrouveront point le prestige que ces pouvoirs ont successivement perdu, et la cause de l'ordre et celle de la conservation sociale, et la famille, et la religion, et la société, tant de fois compromises et tout récemment encore presque ruinées par l'infatuation criminelle des gouvernants, ne soulèveront plus qu'un sourire de mépris sur les lèvres de la foule.

Jadis la foule respectait le pouvoir, parce qu'il était le pouvoir ; elle ne voyait pas l'homme, mais le souverain, l'élu de Dieu, dans toute la magnificence et la terreur d'un cortége nombreux et armé, dans le fracas des tambours et des trompettes ; le dix-huitième siècle, avec ses chroniques et sa philosophie, a fait tomber l'accoutrement et mis à nu la majesté. La Révolution a balayé les palais, et aujourd'hui l'individu, noble ou vilain, qui arrive aux « *affaires* » est obligé de témoigner des qualités personnelles, des connaissances spéciales èt de briller par son propre mérite. On enseigne aux enfants dans les colléges que les souverains sont faits pour les peuples, et non pas les peuples pour les souverains, de sorte que les peuples ont le regard fixé sur celui ou ceux qu'ils appelleraient volontiers leurs intendants, et ce regard porte empreints, non point la servilité et la terreur, mais le commandement et la menace.

Aussi, à défaut de leur génie, vois comme nos gouvernements successifs font sonner leur honnêteté : jamais les hommes d'Etat n'ont autant parlé morale ;

à peine installés n'ont-ils pas l'air de déclarer que leurs prédécesseurs étaient des concussionnaires et des corrupteurs de la conscience publique !

— Nous sommes, disent ceux-ci, le gouvernement des honnêtes gens. — Ceux-là s'excusent fort, et retournant leur képi dans leurs mains, déclarent que l'urgence de la défense nationale les a seule poussés à ramasser le sceptre. D'autres viennent rétablir l'ordre moral et sauver des populations qui ne courent aucun danger et demandent seulement qu'on les laisse tranquilles. Avec le progrès des idées, les gouvernements devenant de moins en moins utiles, font de plus en plus les nécessaires. Tandis que les citoyens, désabusés des fictions gouvernementales, et sachant ce qu'elles coûtent, fatigués d'autre part des révolutions stériles, tâchent d'administrer leurs affaires eux-mêmes, sans s'occuper du pouvoir, celui-ci, de plus en plus jaloux de ses prérogatives, qu'il sent lui échapper, va, vient, furète, a l'œil à tout, pénètre partout, et exaspère le coche de ses bourdonnements.

Ce n'est pas un souverain, ou un ministre, ou un simple préfet, c'est un tuteur, un père de famille, c'est un confesseur au besoin. Il veut savoir si les populations sont heureuses et digèrent bien. La tranquillité dans la rue, ce n'est rien pour lui; il lui faut visiter les consciences, en chasser tout soupçon, tout souci, y établir l'équilibre parfait entre les opinions individuelles et la réalité des choses ; il se fera, s'il le faut, conférencier, journaliste, agent de police : il faut à tout prix qu'il rectifie et réglemente l'opinion publique ; il faut que les battements de son pouls déterminent le fonctionnement du cerveau national.

Lui. J'ai retenu de ta profession de foi un point qui mérite d'être éclairci : Crois-tu sérieusement que les hommes qui arrivent aux *affaires* aient besoin de témoigner des qualités spéciales, des mérites personnels ?

Moi. Oui, à mesure que le public fait son éducation politique par les discussions de la presse, par les réunions électorales, par la critique des débats parlementaires.

Lui. Mon cher, ton scepticisme n'est pas conséquent avec lui-même : Voyons, entre nous, y a-t-il jamais eu sous l'empire, que tu maudis tant, des ministres aussi ineptes que tels et tels qu'il est inutile de nommer ? M. de B..... lui-même n'a-t-il pas essayé de gouverner avec la seule qualité qui a tenu lieu de toutes les autres au ministre le moins distingué de Napoléon III, l'effronterie ?

Moi. Mais l'opinion publique s'y est-elle trompée ? A-t-elle jamais cru au génie politique de M. Goulard, à la sincérité de M. Batbie, à l'habileté de M. Beulé ?

Ne vois-tu pas quel enseignement ressort, pour le public, de cette période gouvernementale? Il a supporté avec mépris la tyrannie de ces hommes médiocres en tout, auxquels tu fais allusion; mais il s'est dit : Puisque la barque ne chavire pas avec de pareils pilotes, elle arrivera rapidement au port sous la conduite de ceux que je choisirai et qui me rendront compte de toutes leurs manœuvres. Quand la coterie de demain prendrait un mulet, l'installerait au pouvoir, et dirait : « Peuple Français, voilà le chef de l'Etat ; il est de notre façon : rends-lui hommage », les officieux salueront le mulet, vanteront le grand caractère du mulet, la sagacité politique du mulet, l'énergie du mulet, mais le peuple français haussera les épaules et se remettra au travail. Il sait bien que la coterie qui règne et gouverne à la place du mulet, au risque de recueillir quelque coup de sabot, sera remplacée un jour ou l'autre par une autre coterie, et que le mulet disparaîtra pour faire place à quelque autre fantaisie. Ce qui est pitoyable, c'est qu'on perde beaucoup de temps, c'est que nos voisins ricanent, c'est que tout cela soit de l'histoire!

Lui. Dans tout cela, tu fais bon marché de la foi politique de tes adversaires.....

Moi. De la tienne, par hasard!

Lui. Oh! je ne suis point ton adversaire ni celui de personne : la *foi* des bonapartistes est fondée sur

l'égoïsme d'une masse et sur l'imbécillité de l'autre ;
ils ne perdent point leur temps dans l'adoration d'un
symbole : ils croient que le peuple français est demeuré
assez léger pour tout oublier et se remettre sous le joug ;
ils le disent et le proclament, dans l'espérance que
d'autres le croiront comme eux, et que la contagion
grandira. C'est une affaire de réclame, une affaire de
pièces de cent sous, et pas autre chose. N'as-tu pas
rencontré des gens qui te disent : « Diable! mais
« savez-vous que le bonapartisme fait des progrès?
« Qui l'aurait cru il y a trois ans! » Eh bien, ce sont
ces gens-là qui, depuis notre dernière manifestation,
sont devenus nos meilleurs auxiliaires : ils ont commencé par redouter l'événement; anjourd'hui ils y
croient, tout-à-l'heure ils le préparent.

Voilà le jeu de mes amis les impérialistes : il est
très-simple, il n'y faut qu'un peu de persévérance.
Après tout, nous avons fait nos preuves, on nous
connaît; toute cette phraséologie dont M. de B..... a
tant abusé et dont tu fais fi, c'est à nos hommes d'Etat
qu'elle est empruntée; mais quand l'empereur Napoléon III disait : *L'ordre, j'en réponds,* ça faisait un
tout autre effet que dans la bouche des académi-
ciens de rencontre, que le hasard des combinaisons
parlementaires a jetés au pouvoir. On parle beaucoup
de conservation sociale, mais ce vocable-là encore nous

appartient; il a figuré fort bien dans nos proclamations depuis 1853. Avant, il n'était question, si tu te le rappelles, que des *honnêtes et modérés;* une fois les *honnêtes et modérés* expédiés, les uns à Mazas, les autres à Cayenne, nous avons inventé le *conservateur.* Le *conservateur,* c'est le bourgeois qui se prosterne devant le fait accompli. Eh bien, cette race-là n'était pas encore classée et ne le fut qu'après la nuit du 2 décembre. Aujourd'hui tout le monde réclame ce titre, et tu conçois si nous devons nous réjouir; chacun, à son insu, appelle le sauveur et invoque le coup d'Etat. Car les conservateurs par excellence, c'est nous, les bonapartistes; personne n'ose nous refuser ce titre, que nous avons les premiers décerné, et la masse du public qui n'entend rien à la logomachie des politiqueurs, à force d'entendre cet écho, dit tout bas : Voilà l'empire qui revient.

Moi. Certainement vous devez des actions de grâces aux orléanistes qui ont replacé dans l'administration, dans la haute finance, dans la magistrature, dans les municipalités et dans la police, les fonctionnaires de l'empire : d'ailleurs, un ministère qui n'avait pour ligne de conduite qu'une négation, la loi de l'état de siége, la réaction, l'arbitraire, devait fatalement se baisser pour ramasser dans la fange de Sedan tout le personnel du type des gouvernements arbitraires.....

Lui. M. de B...... et ses collègues au **24 mai** ont accompli notre réhabilitation.

Moi. Non, ils ont déshonoré leur cause en acceptant votre protection, voilà tout. Leur dictature procédait d'un vote régulier et non point du massacre.

Lui. Soit, mais la foule compare, et elle trouve que nous travaillions mieux, qu'il y avait moins de tapage et plus de sécurité. Mon cher, la foule se soucie fort peu des principes et des théories, elle regarde les résultats. J'irai même plus loin : si les résultats sont mauvais, si les affaires ne vont pas, est-ce le système de gouvernement qu'elle accuse? Non, ce sont les hommes ; ce n'est qu'indirectement qu'elle incrimine l'opinion que ces hommes représentent, et cette réaction ne dure pas. Ainsi, ni la République, ni l'empire, ni la royauté elle-même ne sont des formes de gouvernement proscrites : mais le peuple attend, pour donner un blanc-seing à l'une ou à l'autre, qu'un groupe de républicains, ou d'impérialistes, ou de royalistes, s'empare résolument des affaires, et arrive immédiatement à faire taire les compétitions des autres partis et à donner au commerce, gros et petit, ce qu'il demande : la sécurité du lendemain, la paix. Songe donc que ce que nous appelons emphatiquement les partis se réduit à sept ou huit mille individus, et qu'il reste vingt-cinq millions de Français qui demandent à manger leur argent ou à le gagner paisiblement.

Moi. Et je soutiens, et des millions d'électeurs savent aussi bien que toi et moi qu'un gouvernement despotique ne procurera à ces travailleurs et à ces oisifs qu'une sécurité mensongère, passagère, parce qu'il y a dans ce pays-ci des éléments d'indépendance dont il faut s'occuper et se préoccuper. Penses-tu que M. de C., qui se faisait, il y a six ans, agent plébiscitaire par conviction, je veux dire par intérêt, n'est pas désabusé de ces expédients-là ?

Le voilà bien avancé d'avoir gagné près de cinq millions en dix-huit ans : en quinze mois il a peut-être perdu le double; il est obligé de vendre à bas prix des terrains et des ébauches de construction où il avait engagé des sommes considérables et dont il espérait tirer, grâce à la plus-value, des bénéfices énormes : il n'y a pas eu de plus-value, il y a eu une baisse effroyable, personne ne voulait acheter, parce qu'on ne peut spéculer sur la vanité des classes riches par le temps qui court, et M. de C. a fait serment qu'aucun gouvernement n'aurait plus sa confiance. Le pauvre homme s'imaginait, lorsqu'il gagnait des lingots, que trente-cinq millions de Français en faisaient autant, et que ça durerait jusqu'à la fin du monde : la machine a sauté, et la catastrophe a fait d'autant plus de victimes que personne ne la prévoyait. Cela se passera ainsi tant que la France aura des *gouvernements forts,* qui la divisent pour la gouverner, qui ne s'appuient que sur une classe de la société, à l'exclusion des autres, qui alimentent les discordes civiles et donnent l'exemple du mépris de ce principe : l'égalité de tous les citoyens devant la loi.

Lui. Eh ! sans doute, quiconque échoue a tort, et dame Morale triomphe, bien qu'elle ne soit pour rien dans l'événement. Tu as raison de parler ainsi ; remarque que tous les gouvernements, tous les ministres, en prenant possession des affaires, ont soin de tenir ce langage ; ils font de belles promesses, ils invoquent dame morale et réclament le concours de tous les honnêtes gens, sans acception d'opinion ; mais s'ils ne gouvernaient pas exclusivement, soit avec leurs amis qui les ont poussés au pouvoir, soit, ce qui est plus habile, avec leurs ennemis de la veille, ils ne subsisteraient pas quinze jours. Eh ! l'on a essayé de faire passer dans la pratique tes très-honorables théories : ce sont les hommes du 4 septembre ; il est vrai que leurs discours de l'opposition, leurs déclamations dans les clubs, leurs articles de journaux étaient demeurés frais dans la mémoire du public ; ils étaient donc un peu contraints à cette honnêteté. As-tu vu le succès qu'ils ont eu, et comment leurs meilleurs amis les ont traités? C'est nous, qui avons donné le signal ; ces gouvernants naïfs avaient failli gâter le métier; nous les avons traités de scélérats, et les jacobins, qui sont les plus grands badauds du monde, ont emboîté le pas derrière nous; nous avons eu le plaisir de voir couvrir de boue, par les républicains, les seuls républicains qui aient tenté, au milieu de circonstances effroyables, de rendre au peuple sa souveraineté. Ils avaient promis, ils ont voulu tenir ; pour qu'on ne les accusât pas de faire curée, ils ont laissé en fonctions la plupart de nos amis, les meilleures poignes que César ait formées ; aussi les républicains ont-ils traité leurs anciens compères de traîtres et de vendus, ce qui ne nous a pas empêchés d'indigner les ventrus contre l'appétit de ces nouveau-venus en alléguant l'investiture de Pipe-en-Bois ou de quelque autre grotesque. N'ont-ils pas lâché la bride à la presse, qui les a pendant cinq mois harcelés de sottises et de calomnies bêtes? N'ont-ils pas laissé dans la misère tel de leurs amis qui a ameuté contre eux Belleville et Montmartre? Ah! c'était aussi un beau gâchis que la République parisienne du 4 septembre au 28 janvier!

Moi. C'est vrai, les circonstances exigeaient que le gouvernement fît respecter la loi avec la plus grande rigueur; un peuple qui vient de faire une révolution n'est pas aisé à discipliner, et il y a eu beaucoup de respect humain, de préjugés et de parade républicaine dans la conduite hésitante du gouvernement qui avait ce but et cette justification : la Défense nationale. Mais, en bonne logique, on ne peut pas prendre pour exemple un cas exceptionnel. Je t'accorde seulement ceci : qu'un gouvernement despotique ne s'embarrasse pas de trouver un personnel tout prêt pour remplacer celui du gouvernement qu'il renverse; il n'y a qu'une volonté : on trouve toujours des valets pour la transmettre, si le service télégraphique est bien organisé. Il n'en est pas de même d'un gouvernement républicain : il a besoin d'administrateurs capables, intègres, qui connaissent assez complétement, — non pas la volonté du tyran, — mais quelque chose de plus complexe : la loi, pour la aire respecter invariablement partout et de tous. Il est possible que la foule ne saisisse pas cette nuance; mais nous n'attendons la reconnaissance de la foule que lorsqu'elle sera tout à fait émancipée. Nous sommes des amants platoniques de la popularité, nous ne l'achetons pas, nous ne soûlons pas la troupe.

Lui. Vous avez tort, c'est indispensable.

Moi. Sais-tu que le nombre des gens qui vous méprisent s'accroît de jour en jour?

Lui. Tu ne connais pas le nombre des gens qui nous accablent de sollicitations, de flagorneries et d'or. Le 4 septembre, j'ai cru qu'on allait brûler notre boutique; nous en avons été quittes pour faire comme cet industriel qui changea une lettre à son enseigne; les chalands accoururent à la *Redingote Prise*. Nous fûmes quinze jours républicains… modérés, s'entend, avec grand succès. Quand nous vîmes que ce n'était pas plus sérieux que cela et que M. Jules Favre voulait la République *ouverte*, serviteurs à la République de M. Jules Favre, nous retournâmes une seconde fois notre veste.

Moi. Comme l'industriel, son enseigne.

Lui. Exactement. Nous travaillons avec la matière que nous avons sous la main; nous prenons les faits et les hommes comme ils sont; vous, au contraire, vous commencez par poser certaines idées, puis il vous faut y plier le monde; de l'expérience vous vous raillez. Vous croyez que la masse est composée d'idéologues de votre espèce; la masse est composée d'appétits, et il faut satisfaire ces appétits. Nous faisons de la politique avec des chiffres, vous en faites avec des chimères; nous calculons ce qu'exigent et ce que rendront telles passions et tels intérêts, si on leur sacrifie telles autres passions et tels autres intérêts. Nous ne perdons pas de vue l'*homo homini lupus*; vous, au

2

contraire, vous imaginez les hommes se tendant la main et courant en une farandole immense vers le Progrès, la Lumière, la Vérité et autres abstractions sacro-saintes dont vos rhéteurs enveloppent ces satisfactions sensuelles vers lesquelles les hommes se précipitent en se culbutant les uns les autres.

Moi. Tranchons ; ta théorie politique.....

Lui. Je n'ai pas de théorie.

Moi. Ton système, ton procédé consiste à exploiter les vices de la foule, et à les développer à l'occasion, crainte de faillite. Il est sans doute beaucoup plus malaisé de chercher à augmenter le bien-être de la multitude en développant chez l'individu les sentiments de justice, de responsabilité et de devoir. Cette tâche ingrate, c'est celle que les libéraux ont entreprise ; vous la qualifiez de chimérique : je ne crois pas que la morale soit une chose chimérique.

Lui. La morale..... en politique ?..... Voyons, lequel préférerais-tu d'un gouvernement hypocrite, faux, fourbe, traître à ses engagements, machiavélique, qui assurera la prospérité des affaires à l'intérieur, et fera respecter la France à l'étranger par les ressources de sa diplomatie autant que par la valeur de ses armes, ou d'un gouvernement honnête, fidèle à ses promesses, effacé, qui laissera le pays exposé aux entreprises des partis et à celles de l'étranger ?

Moi. Prétends-tu qu'il n'y ait que cette alternative ? Je le nie, et je ne choisis point ; parce que je crois à quelque chose qui n'existait pas il y a cent ans et que j'appelle la conscience publique.

Lui. La morale peut et doit être invoquée par les gouvernants ; on peut tirer de l'histoire des enseignements, des *moralités ;* mais les vicissitudes des Etats sont quelque chose de fatal que domine seulement quelquefois, non point le sens moral, mais le sens politique d'un Cromwell, d'un Napoléon, d'un Morny, d'un Cavour, d'un Bismarck. Je ne crois pas à la conscience publique : une grande nation est un troupeau qui demande à être conduit et même un peu bousculé ; cela n'a ni une opinion, ni une volonté, ni une conscience, ni aucun sentiment unique, exclusif, qui puisse s'exprimer ou s'imposer. Cela n'a que des instincts qu'il faut associer et diriger.

Moi. C'est sans doute pour cela qu'on voit tant de gens, très-loyaux dans la vie privée, témoigner dans la vie publique une duplicité qui n'est jamais suffisamment dénoncée et flétrie. Elle l'est cependant davantage aujourd'hui qu'elle ne l'eût été autrefois, et la foule commence à bégayer des choses qui ont un sens précis et que les plus sourds entendent, puisqu'ils veulent étouffer ces bégaiements.

Ce qu'il y a de remarquable chez vous, c'est que

vous êtes logiques et conséquents avec vous-mêmes. Vous niez que la morale soit à l'usage des politiques, et vous en faites également très-peu de cas dans la vie privée. C'est, à vos yeux, chose vulgaire, bonne à remplir le discours d'un ministre pris au dépourvu. Vous diriez volontiers : « Il faut une morale pour le peuple ; » — pour les gens de rien... qui travaillent ! Hier encore j'admirais la relation que faisait un de tes confrères bonapartistes d'un procès en police correctionnelle.....

Lui. L'affaire Sobria ?

Moi. Précisément ; un gentilhomme, vivant aux crochets d'une fille, avait reçu à coups de canne, dans une antichambre obscure, les créanciers de cette fille ; le reporter est un jeune homme qui a fait ses classes ; il comparait la fille à Phryné et trouvait que les juges avaient été beaucoup plus obtus que l'aréopage athénien, en condamnant cette *dame*, dont il traçait un croquis alléchant, et son galant cavalier. Tous les écrivains à la solde du césarisme affichent une tendresse étrange pour les filles, et ont une plume affinée pour défendre toutes les prostitutions. Sais-tu que, depuis que le beau sexe bonapartiste a adressé ses souhaits à l'ex-impératrice par l'intermédiaire d'une danseuse en retraite, les bourgeois commencent à trouver que vos journaux sentent mauvais ?

Lui. Les filles ont concouru à maintenir l'ordre pendant dix-huit ans d'empire ; elles ont mêlé leur sang au sang des bourgeois, elles ont tutoyé des comtesses de l'ancien régime ; tout Paris les adorait, et, quand elles allaient au Bois, tout Paris les suivait, et il en oubliait la question romaine, la question d'Orient, la question du Luxembourg et autres soucis. Les filles ont toujours fait un lit de roses à la tyrannie, elles ont inspiré les grands artistes, et fait fuir le vilain spectre affamé des révolutions : Vivent les filles !

Moi. Il me semble que tu comptes trop sur la dépravation des classes aisées.

Lui. A propos, as-tu lu l'oraison funèbre de cette pauvre Blanche, par Castry ? Tiens, voilà la grande Béatrice qui entre ; regarde-moi ce petit pied, cette taille menue, ce corsage provoquant, cette tête mignonne avec ces grands yeux noirs qui n'ont pas l'air de nous regarder : l'homme qui a été une fois enlacé dans ces bras souples, contre ce sein de marbre, crois-tu pas qu'il méprise toutes les fadaises dont nous nous occupons ? Si l'empereur était tombé deux mois plus tard, Béatrice était faite duchesse de Caniglia. Un de nos plus séduisants diplomates en a été fou pendant deux ans ; il l'a présentée, comme une parente, à la cour de ....., où il était accrédité, et la charmante impure a dansé avec le roi : c'est de l'histoire! Béatrice est bonapartiste à mort; elle a été, avec tout son équipage (celui de Dulorc), à Chislehurst, le 16 mars; elle est de nos actionnaires. Ce pauvre D....., qui vient de mourir si misérablement, aimait à dire qu'il avait été son premier amant : le fait est qu'il l'a lancée. Tu l'as bien connu?

Moi. Seulement un peu.

Lui. C'était un bien aimable homme. La dernière fois que je le rencontrai, en 1866, il me confia qu'il allait se tuer. Il venait d'engloutir sa fortune dans une combinaison de Bourse dont tu as peut-être entendu parler, car elle fit du bruit alors. Je lui prêtai dix louis et lui dis qu'un homme de son mérite ne se tuait pas, que c'était affaire aux sots, qu'il allât trouver l'impératrice, qu'elle tirerait certainement un des plus dévoués serviteurs du trône d'une situation aussi critique. Il suivit mes conseils, et comme il avait rendu à un ministre alors tout-puissant des services d'une nature intime et qui ne s'oublient pas, il eut facile accès auprès de l'impératrice, qui était à Rambouillet. Tout républicain que tu es, tu sais bien quelle femme de cœur est cette souveraine que la calomnie n'a pas pu noircir; un ministre aurait fait à D.... l'aumône d'un bureau de tabac ou d'une sous-préfecture de troisième classe. Ecoute ce qu'elle dit et fit :

« — Voyons, il vous reste bien quelque chose de votre ancienne fortune : la maison de Cachan ?

« — Engagée avec tout le reste !

« — En fait d'objets meublants?... Ces tapisseries dont nous vous fîmes présent : rendez-les moi, je vous les achète.

« — Ah! Sa Majesté me confond!

« — Eh! il ne s'agit pas de se désoler; vous êtes notre ami, et il n'est pas dans nos habitudes de laisser nos amis malheureux. Dites-moi franchement ce que vous vous trouvez avoir gardé.

« — Quelques meubles qui ne valent pas deux cents écus, une bibliothèque principalement composée de romans et de brochures...

« — C'est tout?

« — Oui, Majesté; avec un médaillier d'environ trois mille pièces dont je n'ai pu me débarrasser.

« — Tiens, vous êtes donc collectionneur? Je ne vous savais pas ce goût.

« — Majesté, c'est un lot qui me vient d'un héritage.

« — Et avez-vous fait estimer ce médaillier?

« — Jamais, Majesté.

« — Je vous l'achète. (Il se jette à ses genoux.) Point de remercîments. Allez trouver H..... Il vous comptera cent vingt-cinq mille francs. Ah!... je compte les tapisseries....., j'en ornerai la salle verte. »

Quelques jours après, D..... reçoit un pli couvert de sceaux : il était nommé conservateur du musée des médailles de R***, conservateur de ses médailles, aux appointements de douze mille francs. Et tu crois qu'un gouvernement dont la générosité procède d'une manière aussi délicate est jamais abandonné de ses défenseurs! je pourrais te citer tout de suite vingt traits de ce genre.

Moi. C'est inutile; je suis tout convaincu : les abus et les priviléges sont essentiels à un gouvernement despotique, et il est aussi naturel de le voir soutenu par une catégorie intéressée, que repoussé avec horreur par la masse de la nation. La masse de la nation n'entend plus faire des rentes à des personnages comme D....., fût-ce pour payer les notes du parfumeur de la toute charmante Béatrice. Car, je te le répète et j'y insiste, puisque tu ne m'as pas répondu, la bourgeoisie, à laquelle principalement vous faites appel, ne vous voit pas sans un haussement de cœur annoncer le troisième empire comme le régime pornocratique par excellence et préparer le retour de Napoléon IV en recrutant les courtisanes en renom que les malheurs de ces derniers temps ont exilées à Londres, à Saint-Pétersbourg et à Vienne.

Lui. Ne vas-tu pas prétendre, par hasard, avec les rabâcheurs de la presse démocratique, que Napoléon III a trouvé, en 1852, un peuple de spartiates dont il a fait un peuple de petits-crevés? Va, va, la matière gouvernable n'a pas changé depuis Mazarin ni depuis Tacite; le Français est et ne cessera pas d'être godailleur et gouailleur par nature : il aime faire la noce, il aime la fille, qu'a chantée son poète favori, Béranger; il aime qu'on s'occupe pour lui de ce que tu appelles emphatiquement la patrie française. Aujourd'hui comme avant, il se console de tout avec des caricatures et des chansons; il s'est consolé de Sedan en braillant *le Sire de Fish-ton-Khan*, poésie républicaine, et *la Femme à Bismarck*, poésie patriotique; et les muses populaires ont toujours été indulgentes pour un gouvernement absolu, point clérical, et encore moins bégueule. Ajoute qu'il est chauvin, et quiconque exploitera opportunément ces travers, le mènera comme il lui plaira. La guerre de 1870 a raté : c'est fâcheux, car au mois de juillet 1870, le vieil instinct batailleur des Français était réveillé, les libéraux encourageaient l'initiative du chef de l'Etat, et *le Gaulois* tirait à 22,000 exemplaires, dans Paris seulement, grâce aux emportements belliqueux de M. Hector Pessard, opposant rallié, lequel écrivait : « Si l'on « ne fait pas la guerre, il n'y a plus une femme en

« France qui consente à accepter le bras d'un Fran-
« çais! » Ah! le beau moment pour l'empire, où les
badauds achetaient le *Constitutionnel* pour y lire les
chants de guerre de M. Robert Mitchell, et où le
sceptique Emile de Girardin lui-même, à peine désabusé du libéralisme de son ami Ollivier, réconciliait
le peuple français et Napoléon III en vue de la grande
chasse aux *Teutons*. Alors les *irréconciliables* étaient
désorientés ; les fadaises démocratiques, si puissantes
la veille, ne faisaient que blanchir auprès des fadaises
du chauvinisme, et la *Marseillaise*, votre arme favo-
rite, devenait une chanson impérialiste et enflait la
recette des cafés-concerts. Quel malheur que Sa Majesté ait manqué son affaire! Nous avions un nouveau
règne de vingt ans d'agio assuré... Je te le dis, mon
cher, ce sont les bonapartistes seulement qui connaissent et savent exploiter le tempérament français : ton
austérité ne sera jamais à la mode, ta morale est in-
sipide, et, si nous vivions à un autre moment, elle
serait accueillie à coups de sifflets.

Moi. Je crois, au contraire, que c'est toi et tes
amis qu'on sifflerait, si vous exposiez votre doctrine
avec cette franchise ou avec ce cynisme.

Lui. Que fais-je ici avec toi, que dire tout haut ce
que tout le monde pense tout bas?

Moi. Si tout le monde pense ainsi, pourquoi les

révélations qui se sont produites depuis le 4 septembre ont-elles discrédité le régime impérial dans l'opinion publique? Pourquoi X, Y et Z, dont les noms figurent à certains fonds secrets, demeurent-t-ils déshonorés irréparablement? Pourquoi le maquignonnage de la presse, la dilapidation des fonds publics entachent-ils irréparablement les hauts fonctionnaires de ce régime? Qu'est-ce que cette flétrissure indéniable qui s'attache au seul renom de bonapartisme, et dont vous vous parez, faute de la pouvoir effacer? Pourquoi les hommes qui ont accepté de remplir des fonctions administratives ou judiciaires, du 2 décembre 1852 au 4 septembre 1870, sont-ils suspects au suffrage universel, sinon parce que l'Empire avait érigé la vénalité en principe de gouvernement, et détruit chez ses fonctionnaires la conscience individuelle, le sentiment de la justice, du devoir, de la responsabilité?

Lui. Ce que tu appelles l'opinion publique n'est qu'un courant inconstant, une fluctuation produite par les revers de la politique et les vicissitudes de la fortune; l'opinion publique était belliqueuse au mois de juillet 1870 et très-pacifique au mois de février 1871 : elle est de même impérialiste ou républicaine, selon que les impérialistes ou les républicains paraissent en voie de réussir et d'influencer le mouvement des affaires. Je ne nie pas que nous n'ayons beaucoup perdu un moment, et notre déchéance a été d'autant plus profonde que notre popularité avait été plus grande; mais l'ineptie de nos successeurs a mis un terme à cette réaction, et aujourd'hui, je te le répète, l'opinion publique, lasse de l'incapacité successivement démontrée des partis ne se prononce ni pour, ni contre nous : elle est suspendue, dans l'attente des événements. C'est à nous à faire l'opinion publique!

Tiens, quand j'entends sonner ces syllabes, l'*opinion publique,* je ne puis pas m'empêcher de penser à ton coreligionnaire, M. Derude, qui, lorsqu'il les a tracées sur son papier, s'arrête avec satisfaction et jette un coup d'œil dans la rue; il se prend tout a fait au sérieux, le bon homme.

Moi. Il est sérieux; il est attaché à ses convictions sérieusement; il veut les faire partager, et si sa plume est un peu banale, son caractère ne l'est pas. Tu as une triste idée du rôle de la presse.

Lui. C'est toi qui as une fausse idée de l'importance de ce rôle. La presse ne sert qu'à entretenir les préjugés, les rancunes, les haines ou les affections de la foule. Regarde ce monsieur-là, tous les soirs, en dégustant sa chartreuse, il prend en main *le National* et la cause du pauv' peuple. Alors son front se charge de rides, ses lèvres s'amincissent en un ricanement amer, et même il s'emporte jusqu'à grogner tout bas : « C'est dégoûtant! Quel sale gouvernement!... Canailles!... » et quand il s'est échauffé la bile un petit, il rencontre un ami et l'aborde : « Ah! mon cher, comment osez-vous demander si je me porte bien? Ces affaires-là (montrant son *National*) me tueront!... Vous savez, nous allons avoir la guerre!...

« — Allons donc!

« — Vous n'avez pas vu les dépêches? C'est une affaire d'heures; l'étranger ne se courbera pas, comme nous, sous le vent de la contre-révolution et de l'arbitraire! »

Et quelquefois il ajoute tout bas, avec un froncement de sourcils douloureux, comme un homme à qui le désespoir arrache un blasphème :

« Tenez, j'aimais mieux l'empire! »

Maintenant contemple-moi là, à ta gauche, ce gros monsieur devant sa bouteille de marasquin; il me lit. J'ai quelquefois envie de l'embrasser. Quel brave homme! Il rit.

Moi. Un peu bêtement.

Lui. C'est vrai, mais il rit; mais sa digestion va à merveille, sa belle trogne rouge s'épanouit... Ah! voilà qu'elle se contracte..., les yeux brillent d'intelligence..., attention : il hausse les épaules avec un gros sourire, il a compris le calembourg ! Il le répétera cette nuit dans les bras de sa femme ou de sa maîtresse ; on rira, il triomphera et dans huit jours il s'abonnera.

Eh bien, tu crois, puisque tu parles de rôle, que notre rôle n'est pas plus charitable que celui de tes amis : nous déridons l'humanité, vous l'embêtez à mort ! Je m'en tiens à l'avis du vieux Rabelais :

> Mieux vaut de ris que de larmes écrire,
> Pour ce que rire est le propre de l'homme.

Que trouves-tu à répondre, homme austère ?

Moi. Le rire et le ricanement sont deux : la satire des travers ou des vices du voisin n'est point la parodie de ses qualités. C'est pour toi et tes amis que Béranger, que tu rappelais tout à l'heure, a écrit son immortelle chanson des *Fous ;* vous dénigrez à tort et à travers les aspirations, les vœux d'indépendance du pauvre diable qui travaille toute la journée et qui essaie de lire Proudhon le soir, sous une lampe fumeuse, entre sa femme et ses marmots. Toute révolution, toute évolution de la pensée humaine, tout progrès rencontre d'abord le feu roulant de vos épigrammes ; vous caressez l'égoïsme des classes aisées, vous ridiculisez la pauvreté encore plus que le vice et vous témoigne autant d'indulgence et même de respect pour le petit crevé et pour ses soupers fins que de mépris et de dégoût pour le pauvre homme qui a bu, la journée finie, et oublie sa misère dans le ruisseau.

Vous demandez au bas peuple de vous nourrir, de vous habiller, de fournir à vos débauches ses femmes et ses filles, de croupir dans la misère et dans l'ignorance et de courber l'échine quand vous l'insultez; si par hasard ces gens-là se révoltent, vous vous écriez : « Ah! les scélérats! »

Les deux personnages sur lesquels tu as exercé ta verve, sont deux badauds et pas autre chose : l'un est bilieux et il fait de l'opposition; l'autre est lymphatique et sot, aussi se nourrit-il de tes bouffonneries...

Lui. Va toujours, nous avons les rieurs!

Moi. Tu n'as jamais songé que le jour où chacun sera libre d'imprimer comme de parler, — et ce jour-là viendra, — ton journal ne sera plus qu'une feuille de cancans et de sornettes dans les mains de quelques oisifs. Les cancans et les sornettes sont ta partie, tu y brilles, on te l'abandonnera. Mais ni toi, ni tes patrons, vous ne *sauverez* plus la société! Farceurs vous êtes, farceurs vous demeurerez, mais farceurs inoffensifs, et vos lazzis n'auront plus aucune portée ni politique, ni sociale, ni morale, ni immorale, ni de sens commun. Les rois de France avaient leurs *fous*, vous êtes les Triboulets de tous les pouvoirs, c'est-à-dire du dernier établi; à la différence de vos prédécesseurs, il ne vous échappe jamais de vérités à l'adresse de vos maitres. Votre verve ne s'exerce que sur les haillons du misérable et sur la rupture de l'équilibre entre l'appétit du travailleur et son salaire. Cette besogne n'est pas comique, beaucoup de gens trouvent déjà vos grimaces repoussantes : que sera-ce lorsque, chacun pouvant parler tout haut, le public suivra et étudiera lui-même les événements, lorsque la presse sera appréciée à sa juste valeur? Plus la presse sera libre et plus son importance diminuera; plus il y aura de journaux et plus on se passera des journaux; plus la foule sera initiée aux grandes discussions, plus elle méprisera les vieilles gazettes qui lui bourraient la tête de niaiseries obscènes et de calembours de la foire. Les plus souples saltimbanques finissent par ennuyer : leurs tours sont toujours les mêmes, et leurs pantalonnades sont plus fripées que leurs maillots; depuis la chute de l'empire, vous êtes obligés de provoquer les passants et de remuer les cendres des anciens incendies pour ramener quelque monde autour de vos tréteaux. Je te le répète, tes rieurs ne rient plus de bon cœur depuis le 1er septembre 1870, leur insouciance leur a trop coûté, demain est encore trop obscur.

Lui. Demain sera ce qu'il pourra, ta misanthropie

n'y fera rien du tout; la blague est ici toujours de saison, toujours opportune, toujours la bien-venue, et nos lecteurs sont beaucoup plus philosophes que toi. Les plus fàcheux événements ont leur côté plaisant, et nous le découvrons les premiers.

Moi. Tu es fataliste, afin de n'avoir ni devoir aujourd'hui, ni remords demain.

Lui. Comme tout le monde.

Moi. Te rappelles-tu le temps où tu célébrais la fin des vieux abus et des vieux cultes, et l'avénement de l'Humanité; en ce temps-là tu avais confiance dans l'énergie et dans l'initiative de l'individu?

Lui. Il faut bien que jeunesse se passe!

Moi. Tu étais matérialiste fervent et utopiste enragé; est-ce que tu as encore quelque chose qui ressemble à des opinions?

Lui. Je suis sceptique; je ne récuse pas absolument le matérialiste, mais je repousse l'utopiste. Que veux-tu, mon cher, il faut prendre le monde comme il va...

Moi. C'est plus facile que de le réformer.

Lui. Tu m'as connu matérialiste, et humanitaire, et philanthrope, et socialiste, et travailleur, et absurde; sceptique je suis demeuré, mais pratique.

Moi. Alors tu es sceptique... « Voilà la guerre ou-
« verte entre les hommes : il faut que chacun prenne

« parti et se range nécessairement, ou au dogma-
« tisme, ou au scepticisme, — car qui pensera de-
« meurer neutre sera sceptique par excellence... »
Nous lisions cela ensemble autrefois.

Lui. Pourquoi le scepticisme est-il, de toutes les
doctrines philosophiques, celle qui a été le moins
soutenue? c'est parce que c'est celle qui est la plus
pratique et la plus pratiquée. A quoi bon mettre le
scepticisme en système? il est le fond même de notre
nature, il est ce qui subsiste, dans une société instruite et raffinée, après que les théories les plus sé-
duisantes et les systèmes les mieux combinés ont été
renversés par les plus élémentaires formules de la
logique : à quoi bon le discuter? il est. Car je dirai
du scepticisme ce qu'ont dit de Dieu des spiritualistes à l'aboi : « Il ne se démontre pas, il se montre. »
Tout le monde est sceptique, les gens qui pratiquent
sans croire et les gens qui croient sans pratiquer, les
gens qui travaillent sans gagner leur vie et les gens
qui gagnent leur vie sans travailler, ceux qui exploi-
tent et ceux qui sont exploités, ceux qui mangent et
ceux qui sont mangés. Quand on a derrière soi quinze
cents années de foi, de sottise, de crasse et de sang,
on ne perd plus son temps à quintessencier des en-
tités métaphysiques. Ce siècle-ci est un bon vivant
qui n'affiche point un goût exclusif pour « le vin et

les belles, » mais qui les estime fort ; il ne fait point parade non plus de philosophisme, mais il fait ses réserves : tout au plus avoue-t-il qu'il est déiste, afin de ne scandaliser personne. Tiens, il y a des jours où je suis déiste...

Moi. Le déisme est un heureux milieu trouvé par l'hypocrisie moderne ; cette invention date de Napoléon-le-Grand.

Lui. C'est une date qu'on peut débattre : qu'étaient, je te prie, ces grands hommes dont les noms sont toujours sur tes lèvres : Epicure, Lucrèce, Cicéron, Pline, Tacite, Rabelais, Saint-Evremond, Bayle, Voltaire?...

Moi. Des déistes? non point. Des douteurs, des chercheurs : ils laissaient à la foule ses superstitions, contents d'agiter des hypothèses et de construire des théories pour le petit nombre d'intelligences qui est capable de ne prendre point parti. Aujourd'hui des pédants prétendent faire du déisme une doctrine positive, ils ont même formé une sorte de secte ; je né trouve rien d'aussi misérable. Dieu est sans doute un mot de passe indispensable ; mais que M. Prudhomme, mal à propos accueilli dans le cercle intime des douteurs, imagine une religion philosophique, ou une philosophie religieuse juste-milieu, c'est fait pour compromettre la libre-pensée. Ce déisme-là est à l'usage des gens qui n'ont ni la stupidité de pratiquer, ni la témérité de nier, ni la sagesse de s'abstenir ; les jongleurs de la phrase, courtisans de tout auditoire, s'en accommodent à merveille. Mais, en vérité, l'homme qui croit aux poux de saint Labre est plus respectable que ces néo-jésuites : prêtres d'un Dieu qu'ils fabriquent chaque fois qu'ils le nomment, apôtres d'une religion portative et platonique...

Lui. Eh ! ce sont des sceptiques comme toi ; mais ils transigent avec le monde : à quoi bon rompre en visière à des conventions sans lesquelles la société ne pourrait pas subsister ? Ce qui m'étonne, c'est que, toi, républicain intransigeant, toi, démocrate, et, au dire de quelques-uns, démagogue, tu ne te rallies pas franchement à la doctrine athéistique. Le scepticisme est bon pour d'affreux réactionnaires ; mais un apôtre de la perfectibilité humaine, un apôtre des lumières, un homme qui croit qu'une nation de quarante millions d'individus peut se gouverner elle-même, et que la nation française a des aptitudes spéciales pour se passer de cette abstraction coûteuse, l'*État*, enfin, un progressiste, un économiste, un philanthrope, s'avouer sceptique sur les questions capitales, sceptique comme tout le monde, sceptique comme moi-même, c'est ce qui me surprend. Tu me jetais tout à l'heure ma jeunesse à la tête, mais j'étais plus logique, je faisais table rase de tout, je niais, j'étais kantiste et ne considérais Dieu que comme une illusion d'optique, comme l'apparition dans le cerveau de l'homme de sa propre image retournée; cette explication était fort à la mode alors.

Moi. La négation est stérile, et je suis d'ailleurs convaincu que la solution des questions métaphysiques n'intéresse en aucune façon celle des problèmes politiques et sociaux; ces spéculations, qui ont ravagé les têtes les plus fortes et rendu Pascal fou, n'ont point de rapport avec les données de l'économie publique, et on peut s'occuper d'améliorer le bien-être de la classe ouvrière sans avoir de croyance arrêtée en métaphysique.

Lui. Tu élimines le surnaturel; les parents prudents interdisent à leurs enfants les contes fantastiques qui pourraient leur donner le cauchemar; c'est dans le même esprit que tu interdis aux autres des recherches dont tu redoutes l'insuccès et qui ne sont pas sans danger pour les esprits faibles.

Moi. Leur moindre défaut, en effet, est d'être inutiles.

Quand j'étais enfant, à la campagne, le soir, je m'étendais sur un banc et je regardais les étoiles; elles scintillaient d'une façon amicale, et je me demandais combien il faudrait d'échelles pour arriver jusqu'à elles. Quelqu'un m'assura qu'il n'en faudrait qu'une, pourvu qu'elle fût assez grande.

3.

Plus tard, j'ai appris la philosophie ; je m'étonnais que les spiritualistes imaginassent un si grand nombre de *preuves* de l'existence de Dieu, et je me suis souvenu de l'éclaircissement qui m'avait été donné autrefois. Toutes ces *preuves-là*, ce sont les échelles que mon imagination enfantine mettait l'une au bout de l'autre ; j'en aimerais mieux une seule, mais qui fût suffisamment probante. Elle n'a pas encore été trouvée, et aujourd'hui je crois qu'on ne la trouvera pas ; en effet, appuyez l'échelle à terre, c'est fort bien, mais quel est le point d'appui que vous trouverez dans l'Infini ? Il n'y a que les métaphysiciens et les enfants qui croient que tous les bâtons n'ont pas deux bouts.

Lui. Ce qui a le plus contribué à développer et à asseoir mon scepticisme, c'est la lecture des docteurs du spiritualisme ; ces écrivains subtils m'ont démontré la vanité étonnante des systèmes philosophiques. Je me suis avisé que ces grands esprits qui ont fait l'admiration de leurs contemporains, les Descartes, les Leibnitz, ne faisaient que bâtir des châteaux-forts sur des pointes d'aiguilles et peser des riens dans des toiles d'araignées. Ils m'ont fait l'effet de forçats occupés à faire entrer l'un dans l'autre les annneaux de leur chaîne, sans avoir conscience que cette chaîne était unique, circulaire, qu'elle les enchaînait les uns aux autres et tous ensemble aux murs de la prison. J'ai énuméré les arguments classés sous la rubrique *Causes finales*, et qui sont les petites échelles dont tu rêvais au collége, et alors j'ai pénétré et approfondi ce mot de Kant :

« La conformité au but n'a été créée que par un
« esprit réfléchi qui admire ainsi un miracle qu'il a
« fait lui-même. »

Le plus fameux de ces miracles est celui que signalait un prédicateur : « Admirez, disait-il, la prudence
« de Dieu, qui fait couler des rivières dans toutes les
« grandes villes. »

C'est l'argumentation de Candide, avant qu'il fût chassé du château de Thunder-ten-tronck.

Oui, l'esprit humain se contemple perpétuellement dans un miroir, il s'éprend de lui-même, comme Narcisse ; il se voit transfiguré, idéalisé ; il en arrive à se dédoubler et il déifie la réflexion de son image.

Philosophes, sectaires, nous sommes tous des idolâtres et des anthropomorphistes, à commencer par l'écrivain biblique dont on cite à tout propos la parole :

« Dieu a fait l'homme à son image. »

L'homme pensant Dieu se rêve lui-même. Il introduit sa personnalité au sein même de la nature et anime toutes choses de son esprit, de sa vie ; ce ciel brumeux est triste, cette mer agitée est en cour-

roux, cette campagne fleurie est riante, et le poète
fait compatir la nature entière à ses peines.

C'est lui qui a découvert, c'est-à-dire inventé, l'harmonie des choses, la grâce ou la grandeur des êtres
ou des spectacles, en un mot, la beauté.

> Sur l'aride buisson, que son regard se pose,
> Le buisson à ses yeux rit et jette une rose.

Il a mis une physionomie à la bête, à l'arbre, à la
fleur, à la pierre ; il a senti, il a analysé ses sensations, puis il a fait une synthèse sublime, une cosmo-
gonie, un Olympe, un Dieu créateur. Jéhovah, Jupiter,
Jésus sont sortis parfaits de son cerveau et n'ont pas
été amoindris par les hommages du vulgaire et les
retouches des commentateurs.

A ce moment j'ai compris et aimé les conceptions
idéalistes de la foule, ses légendes et ses symboles ; j'ai
adoré un seul créateur : le cœur humain. J'ai voulu
relire les philosophes, et j'ai été choqué de la séche-
resse de leurs arguties et de l'assurance avec laquelle
ils donnent pour des arguments et des syllogismes,
des jeux de mots et des jongleries grammaticales.

Les philosophes spiritualistes surtout, sont des gens
sûrs de leur affaire, rien ne les embarrasse ; ils ont
laissé bien loin Candide avec ses *car* et ses *donc*. L'un
s'écrie :

« *Sans une lumière supérieure, comment le spec-*

*tacle du monde, où l'imperfection éclate de toutes
parts, aurait-il eu le pouvoir de nous révéler l'es-
sence parfaite et infinie de Dieu? »*

Puis, quelques pages plus loin, il argumente ainsi,
sans broncher :

« A la vue d'un objet dont toutes les parties sont
« disposées régulièrement, comme un édifice ou une
« machine, nous n'hésitons pas à juger qu'il est l'œuvre
« d'une cause intelligente : *or, le monde... offre une
« harmonie, une régularité dont rien n'approche...,
« il révèle donc une intelligence supérieure...* »

On pourrait fabriquer une troisième preuve, en con-
clusion de ces deux-là :

« Comment, en effet (procédé interrogatif, — excel-
« lent!), en considérant cet univers à la fois si parfait
« et si défectueux, ce mélange de... et de... ne pas
« reconnaître qu'une intelligence supérieure...? etc. »

C'est ce que ton ami Proudhon appelait de l'acro-
batie métaphysique.

C'est la folie des philosophes de prétendre obtenir,
par une certaine combinaison de mots, une idée, c'est-
à-dire une notion supernaturelle. Montaigne avait
raison de dire que « la plupart des occasions des
« troubles de ce monde sont grammairiennes. » Au
fond, qu'est-ce qui sépare le matérialiste du spiritualiste? Ceci seulement : le matérialiste veut qu'on se

borne à constater un fait ; — le spiritualiste prétend signaler une œuvre. Arrive le théologien qui, plus présomptueux encore, définit et explique.

Ainsi, le premier dit :

« — Le canard a les pattes palmées et il nage. »

Survient un spiritualiste :

« — Le canard a les pattes palmées pour qu'il nage. »

De là à dire :

« — Dieu a donné au canard des pattes palmées, afin qu'il nage, » il n'y a qu'un pas, que le théologien a fait d'abord.

Un positiviste, qui passait, se divertit à retourner la proposition et dit :

« — Le canard nage parce qu'il a les pattes palmées. »

Le point de départ appartient à tous : c'est un fait observé. Seule, l'induction varie ; quelle qu'elle soit, elle est gratuite ; c'est un point dans le vide sur lequel dispute notre engeance raisonneuse depuis cinq mille ans, ou davantage, et les plus habiles, comme les plus sots, finissent tous par tomber tête-bêche dans le puits, comme l'astrologue de la fable.

Moi. Sagement conclu.

Lui. Oui, là-dessus, au fond tous les hommes qui réfléchissent sont d'accord. Mais il est mauvais de tenir ce langage trop haut; ce sont des pensées de derrière la tête que la foule ne doit pas soupçonner. Le bon Dieu, le paradis et l'enfer sont des conceptions très-utiles à la société, et nous autres, réactionnaires, nous veillons sur le tabernacle. Que diable veux-tu qu'on offre à un ouvrier misérable, après cinquante années de travail? — La caisse des retraites est un expédient insuffisant : M. l'abbé donne à l'homme une stalle au paradis.

Tu accuses les conservateurs d'hypocrisie; les conservateurs sont conservateurs d'eux-mêmes, de leurs priviléges, de leurs jouissances terrestres; ils prodiguent les autres aux radicaux déshérités, et tout irait pour le mieux, si des étourdis comme toi ne se mêlaient pas d'établir l'égalité ailleurs que devant le bon Dieu.

Moi. Tu effleures ici des questions de morale un peu complexes. Mais d'abord, comment toi, journaliste influent sur le sol parisien, t'imagines-tu que le peuple est dupe des singeries dévotes des classes dirigeantes? Ce peuple-là, s'il n'est pas absolument républicain, est absolument sceptique à l'endroit de beaucoup de choses : vos *chroniques religieuses* et vos cancans édifiants lui font hausser les épaules. Les vieux dogmes du catholicisme et la terreur salutaire qui s'y attachait sont passés à l'état de légende; quel est le prédicateur qui oserait entretenir un auditoire parisien, même populaire, des feux de l'enfer et des béatitudes du paradis? On ne parle plus de la « résurrection de la chair » qu'aux enfants qui n'ont pas encore fait leur première communion. La satire des vieilles croyances est trop près de nous, la physiologie a fait de trop grands progrès, la science est devenue chose trop vulgaire pour que la religion puisse conserver son ancien attirail de séductions et de menaces, ou grossières, ou puériles.

Lui. Tu juges un peu trop le public d'après toi-même. Tu ne connais pas la propagande habile, mesurée, incessante, des cercles, comités, sociétés, fondés en vue des intérêts catholiques. Les vieux dogmes sont un peu moisis, mais il y a un art de les rajeunir, d'en détruire la rouille, et même de les remettre, autant que faire se peut, en rapport avec la science et l'enseignement officiels.

Moi. Les hommes sont extrêmement portés à espérer et à craindre, et une religion qui n'aurait ni enfer, ni paradis, ne saurait guère leur plaire. C'est Montesquieu, je crois, qui fait cette remarque ingénieuse. Mais quand on espère, encore faut-il espérer quelque chose, et il n'y a pas de crainte sans objet : il est nécessaire que ce paradis et cet enfer soient des séjours nettement connus, sans quoi la crainte ni l'espérance n'auront aucun effet sur la conduite de l'homme, et finalement s'évanouiront. C'est ici que les religionnaires ont été embarrassés ; l'Écriture-Sainte contient, à l'égard du paradis, des informations incomplètes, mais déjà ragoûtantes : il faut lire, à cet égard, l'Apocalypse, les Psaumes et les Épîtres aux Corinthiens. Mais Louis Henriquès, dans son livre intitulé : *Occupations des Saints dans le ciel*, a donné des détails précieux. Tu ne connais pas Louis Henriquès ? Son livre a quelque prix, je l'ai trouvé chez Cretaine : ce théologien affirme ici, page 126 :

« Qu'il y aura un souverain plaisir à baiser et em-
« brasser les corps des bienheureux, qu'ils se baigne-
« ront à la vue les uns des autres, qu'il y aura pour
« cela des bains très-agréables ; qu'ils y nageront
« comme des poissons, qu'ils chanteront aussi agréa-
« blement que les calandres et les rossignols, que les
« anges s'habilleront en femmes et qu'ils paraîtront
« aux saints avec des habits de dames, les cheveux
« frisés, des jupes à vertugadins et du linge du plus
« riche ; que les hommes et les femmes se réjouiront
« avec des mascarades, des festins, des ballets ; que
« les femmes chanteront plus agréablement que les
« hommes, afin que le plaisir soit plus grand ; qu'elles
« ressusciteront avec des cheveux plus longs et qu'elles
« se pareront avec des rubans et des coiffures, COMME

« EN CETTE VIE, et leurs petits mignons d'enfants, ce
« qui sera avec un grand plaisir. »

Voilà une description précise et très-attrayante, au
moins pour les gens qui aiment la musique.

Les commentateurs du Coran sont plus précis encore,
lorsqu'ils certifient qu'au paradis de Mahomet « cha-
« cun aura la force de *cent* hommes, pour se satis-
« faire entièrement avec les femmes aussi bien que
« pour boire et manger. »

C'est *cent* fois mieux qu'ici bas ; entre l'un et
l'autre paradis, Bayle déclare qu'il eût choisi celui de
Henriquès, parce qu'on ne spécifie pas : Bayle est un
gourmand.

L'homme ne connaît pas, et par conséquent il ne
peut pas espérer de jouissances plus vives que celles
de l'amour et de la paternité ; tous ses désirs sont à
terre, enveloppés de chairs éblouissantes et de muscles
ardents. L'effort qu'il fait pour imaginer une autre
vie, un autre monde, n'aboutit qu'à la manifestation
de son indéracinable attachement aux douces choses
de la terre. Il veut une « *vie meilleure*, » c'est-à-
dire moins encombrée d'obstacles et de difficultés ;
lorsqu'il parle de voluptés sans mélange, il prononce
des paroles plus grandes que son cerveau, car c'est le
mélange qui fait la volupté, et il y a du charme dans
le mal. Vivre, vivre encore, vivre toujours ! c'est tout

son désir. L'aspect de la mort ne l'a pas déconcerté :
il a aussitôt rêvé la résurrection; mais dès que son
rêve se formule, est-ce une *autre* vie qui apparaît?
Non point! C'est la vie humaine et rien qu'humaine,
et c'est ce qu'elle offre de plus doux : les organes des
sens seront en dissolution? qu'importe! Ne sont-ils
pas vivants au moment même où ce rêve se dessine;
ne sont-ce pas eux qui sollicitent Henriquès et les
commentateurs du Coran et les induisent en ces ten-
tations paradisiaques?

L'instinct de la conservation, l'amour tenace de la
vie, c'est ce qui reste dans la cornue en dernière analyse de cette conception insensée : l'immortalité de
l'âme.

Il entre aussi dans cette conception un autre sentiment, faut-il dire *autre*? c'est l'amour de soi, c'est
l'orgueil de l'espèce.. L'homme, dans l'univers entier,
ne voit que lui, le monde est un miroir où se reflète
constamment une même image, qui est la sienne; c'est
un théâtre magnifiquement construit et fourni de dé-
cors splendides et de trucs ingénieux afin qu'il y
vienne parader dignement. Il ne comprend point le
monde sans lui, et c'est au point de vue de son intérêt qu'il discerne et juge toute chose. Jadis il se faisait appeler le roi de l'univers : le mot a vieilli, l'idée
est tombée en défaveur à la suite des progrès de la

science, mais le sentiment est demeuré. C'est l'amour de l'humanité qui s'ajoute à l'amour de la conservation individuelle.

Les poètes anciens faisaient prendre le deuil au soleil, lorsqu'un événement funeste avait frappé leur patrie. C'est ainsi que l'homme se fait nécessaire et croit que tout arrive à son intention. Aussi ne veut-il point admettre que la mort détruise pour toujours tant d'idées généreuses qui pouvaient naître dans son cerveau, tant de chefs-d'œuvre que sa main habile eût exécutés, et le mot de l'*Ecclésiaste : Unus est finis homini atque jumentis*, il n'y a qu'une mort pour l'homme et pour la bête ; ce mot n'a jamais paru qu'une boutade d'un roi repu.

Léopardi a écrit un joli « opuscule moral » sous ce titre : *Dialogue entre un Follet et un Gnome.*

Le follet dit au gnome :

Les hommes sont tous morts ; leur race est perdue.

LE GNOME

Bon ! voilà une aubaine pour les journaux ! Mais ils ne m'ont encore rien dit de cela...

LE FOLLET

Fou ! puisque les hommes sont morts, il ne s'imprime plus de gazettes !

. . . .

LE GNOME

Comment ferons-nous, maintenant, pous savoir les nouvelles ?.....

Nous ne pourrons plus savoir le quantième du mois, puisqu'il ne s'imprimera plus de calendriers.

LE FOLLET

Sois tranquille, la lune ne se trompera point dans sa course.

LE GNOME

Et les jours de la semaine n'auront-ils plus de noms ?

LE FOLLET

Quoi! as-tu peur qu'ils ne viennent pas, si tu ne les appelles par leur nom ?...

L'homme ne s'arrache point tout entier à la vie : son imagination fait toujours revivre une certaine partie de lui-même. Il voit, d'ailleurs, et sait ce qu'est la mort. Le cadavre de son semblable, tombé en décomposition, fleurit le sol qui le couvre. Aussi n'est-ce pas ce corps, cependant si beau, que son imagination fait revivre ; quoi que les religionnaires lui promettent à cet égard, il ne se fait pas d'illusions. Il connaît le cercle incessant des transformations de la matière, de la vie à la mort et de la mort à la vie, et sait que toute la chimie, ni l'alchimie, ni le magnétisme n'y peuvent rien. Cette particule de terre a été du fumier ; elle devient un trône, et qui plus est, un roi. Ce que

son désir ressuscite, c'est la personne capable de jouir
et de comprendre, ce je ne sais quoi qui se manifes-
tait dans les regards emflammés, dans la physionomie
mobile, l'*âme*, en un mot, — le phénomène...

« — Fou ! dit le follet au gnome, puisque les
hommes sont morts, il ne s'imprime plus de gazettes ! »

Lui. Un caricaturiste s'est amusé un jour à donner
un corps à la fantaisie des poètes : il a dessiné une
tête de femme et lui a donné un cou de cygne, un
teint de roses et de lys, des lèvres de corail, des
perles pour dents et des cheveux d'ébène : c'était affreux, et L....., qui vit cela, sauta au cou de la cui-
sinière qui passait et l'embrassa :

« — Ah ! j'aime mieux mille fois Victoire ! » disait-il.

Or, Victoire avait quarante-deux ans et des marques
de petite vérole.

Je dis un jour à une femme qui était engouée de
Lamartine et ne parlait que de son âme immortelle :

« Savez-vous où elle ira ? Dans un pays qui n'est
« peuplé que de chants de rossignols, d'odeurs de
« roses, de frémissements de harpes, de vols de co-
« lombes et de murmures d'amoureux : d'ailleurs,
« point de rossignols, point de roses, point de harpes,
« point de colombes, point d'amoureux ; le pays lui-
« même n'est qu'un mirage de ces grèves italiennes où
« Alfred de Musset aima Georges Sand... »

Ma gentille rêveuse s'écria soudain :

« — Ma foi, restons ici-bas et sur ce divan douillet
« le plus longtemps possible. »

Et dire qu'un raisonneur comme toi a cependant
passé dix années de sa vie à compiler les arguments de
Malebranche sur les arguments d'Euler, à confondre
Spinosa, et à exterminer Locke !

Moi. Que veux-tu ? C'est une si belle chose qu'un
système de philosophie bien complet, où tout s'adapte
et s'agence, où tout est étiqueté proprement, par ca-
tégories, par séries, la matière, la substance et l'esprit, le moi et le non-moi, le contingent et l'absolu,
avec leurs subdivisions ! On se promène là-dedans
comme dans ces jardins anglais, tellement sinueux
que lorsqu'on a marché une heure on croit être arrivé
au bout du monde, tandis qu'on se retrouve au point
de départ. Qu'importe ! les allées sont bien sablées, les
parterres embaument, et l'on ne regrette pas la pro-
menade ; c'est joli, aimable, et cela tient dans la main.

Pourtant je voudrais qu'on mît en *avis au lecteur*,
à la tête de tout traité philosophique, une anecdote
que conte un adversaire de Descartes :

Il y avait une fois un pauvre homme qui vivait dans
un hameau ; il y était né et n'était jamais allé plus loin
que le pâturage voisin, où il menait chaque matin les
vaches de son maître. Il avait vu, dans l'herbage, de

jeunes poulains, des chèvres, des ânons, et, en dehors
de ce petit monde, il ne soupçonnait nulle chose. Un
jour, le maître arrive de grand matin et l'emmène
dans une ferme qu'il avait à trois lieues de là. Comme
on traversait le bois, un loup se présente au détour
du sentier.

« — Bon ! dit le paysan, qu'est-ce que c'est que ça?
« C'est un animal, puisque ça marche. Cependant ce
« n'est pas un bœuf, ça n'a point de cornes ; ce n'est
« point non plus un cheval, le cheval a la queue
« plus longue. Serait-ce une chèvre?... non, elle a de
« la barbe, et ça n'en a point ; c'est donc un âne. »

Le maître, qui avait écouté en souriant le raisonnement du bonhomme, lui dit :

« — Tu te trompes, écoute bien : cet animal n'est
« point un âne, il n'a pas de longues oreilles ; ce n'est
« point un bœuf, il n'a pas de cornes ; ce n'est point
« une chèvre, il n'a pas de barbe : donc, c'est un
« cheval. »

Le paysan paraît tout surpris de cette nouvelle
analyse. Mais se reprenant vivement :

« — Bon, dit-il, que je suis sot ! Puisque ce n'est
« ni un bœuf, ni un âne, ni une chèvre, ni un cheval,
« c'est que ce n'est point un animal ! »

Ce paysan, c'est le métaphysicien, qui prend la
somme minime de ses observations pour l'expression

même de la réalité intégrale et universelle, et, de ses raisonnements humains, prétend déduire l'inconnu et le surnaturel.

Lui. Le mépris de la philosophie est le commencement de la sagesse. Sais-tu que tu as les meilleures dispositions à devenir conservateur?

Moi. Je n'aime plus la philosophie; en revanche, j'aime le monde et je m'intéresse à tous les progrès. Un grand progrès sera accompli le jour où les gens cesseront de s'occuper des questions surnaturelles et de se préoccuper des opinions de leurs voisins à cet égard. Qu'importent ces discussions interminables au bonheur, au bien-être de la société? C'est vers ce but que l'individu doit porter tous ses efforts, toute son activité et son industrie. Je respecte le sentiment religieux, bien qu'il soit souvent funeste à la société, car il isole l'homme et amortit son initiative; je le respecte, comme je respecte un amour violent qui porte un jeune homme à tous les excès et tantôt le rend lâche, tantôt le rend fou : l'un et l'autre doivent être combattus avec précaution et avec délicatesse. Mais je n'ai que du dédain à l'égard des admirateurs égoïstes de leurs spéculations propres et des extravagances de leur cerveau. Je rêve quelquefois une religion sociale qui remplace les conventions de l'hypocrisie moderne et dont le dogme principal soit : Aide-toi, le prochain t'aidera.

Lui. Tu n'as pas changé : toujours romanesque, même dans les bas-fonds du positivisme !

Moi. Je prends ta remarque comme un compliment : l'esprit se modifie à l'infini, il est souvent précoce ; l'important, c'est que le cœur ne s'use pas.

Lui. Qu'est-ce que l'esprit ? Qu'est-ce que le cœur ? Je me souviens que tu lisais avec fureur tout ce qui te tombait sous la main, et il te prenait des accès de rire nerveux qui finissaient en sanglots sur une page de Musset ou de Michelet. A vingt ans, tu avais la tête bien meublée.

Moi. Eh bien, c'est un malheur pour un jeune homme d'avoir trop lu, un malheur dont le vulgaire ne s'avise pas. Dans ce temps de civilisation, de corruption et d'idéalisme outrés, on vit après coup.

Quand j'ai eu vingt ans et que je me suis pris, comme chacun, à aimer, à connaître le dégoût, l'ennui, le désespoir, le remords, et à énumérer mes sensations à la façon de Félix, j'ai immédiatement désiré quelque chose de plus, et j'ai regretté la vulgarité de mes larmes. Il faudrait vivre d'abord ; il faudrait que le cerveau ne fût pas abreuvé quand le cœur est avide, et que la satiété de l'esprit n'accélérât pas celle du cœur. C'est la faute des mots, qui noient tout, des phrases de roman dont parle Musset et qui tressaillent en vous à la vue d'une fillette au détour d'une rue, à l'audition d'une phrase harmonieuse qui réveille des échos affaiblis et tendres.

Je me disais alors : Est-ce que je vous ai demandé de me conter au menu tout ce que j'éprouverai jusqu'au jour de la mort? Est-ce que l'expression doit précéder l'impression, la lettre l'esprit? Est-ce que je ne puis pas désirer de mourir et porter la main sur un couteau, sans que le monologue d'Hamlet vienne ricaner à mes oreilles?

O le supplice des livres, des proverbes et des préceptes! C'est ce qui fait de la vie une maussade répétition d'une comédie banale et sotte.

Nous sommes tous plus ou moins des mort-nés. Les vieillards nous assassinent avec leur expérience; ils déflorent par provision toutes nos sensations et toutes nos jouissances en nous en fixant dans la tête la formule décourageante.

« — Va, jeune homme, la carrière est ouverte; ici, tu pleureras, et de pleurer tu t'ennuieras, et cela te consolera. Voici l'endroit où ton pied glissera, et le grand bonheur que tu rêves, c'est cette bouffée de fumée. Nous connaissons mieux les nuances de ton idéal que les savants ne connaissent celles du spectre solaire. Pardieu, il a été le nôtre, et à chaque battement de ton cœur tu vérifieras l'exactitude de notre analyse. »

C'est le sermon des repus, sermon égoïste et stérile : il ne prévient aucun déboire, ni aucune douleur;
mais il dégrade la douleur même, ôte l'âpreté de la
souffrance, cet aiguillon que nous voudrions croire
insenti et personnel.

De sorte qu'à vingt-cinq ans, lorsque le cœur a
passé sa revue et que le compte est fait, il ne reste
plus qu'à tourner la meule et à entrer dans l'automa-
tisme universel.

Lui. A moins qu'on ne se voue à la moralisation
des masses et au bonheur de l'humanité!

Moi. Je ne l'ai pas fait; mais j'admire et j'aime
ceux qui le font. C'est aux positivistes, qui n'attendent
rien après la vie, à se montrer affamés de justice, de
moralisation et de progrès. Je ne connais rien de plus
sot que l'objection des gens qui vous disent : « Mais
« s'il n'y a point d'autre vie, point de jugement der-
« nier, les hommes vont se dévorer les uns les autres. »

Lui. Ils ne s'en privent pas.

Moi. Il faut leur enseigner à s'aider et à travailler
à leur bien-être mutuel. Un médecin qui a découvert
la cure d'une maladie, un chimiste qui a trouvé un
contre-poison ont amélioré, dans une certaine mesure,
le sort de l'humanité, et ils n'ont nui ni à leur répu-
tation propre, ni à leur fortune. C'est l'intérêt de chacun de travailler pour tous; voilà une de ces vérités

que le baron de la Palisse, grand philosophe, n'a pas
fait contrôler et recevoir.

Lui. Quoi que vous fassiez, toi et tes amis, les
choses n'iront ni mieux ni plus mal. Nous autres,
conservateurs, nous ne touchons à rien pour ne rien
gâter : le travail intérieur se fait de lui-même, et il
y a des voiles qu'il est déplaisant de soulever. Les
conventions, les préjugés sont ces voiles utiles. Vous
serez bien avancés quand vous aurez découvert un
cadavre !

Moi. Non pas un cadavre, mais un être organisé qui
ne demande qu'à se développer librement...

Lui. Ton philosophe de prédilection, François Bacon,
a dit : « Les hommes aiment la vérité à cause de l'al-
« liage qui s'y joint ; si on leur ôtait les espérances
« flatteuses, la vaine estimation des choses, les idées
« chimériques, combien d'âmes resteraient abattues
« et flétries, pleines de tristesse et de langueur, à
« charge et déplaisantes à elles-mêmes ! »

Alfred de Musset a fait de cela un beau sonnet :

J'ai perdu ma force et ma vie..., etc.

La vérité, c'est le dessous des choses. L'imagination humaine est un prisme à travers lequel tout objet
reluit et prend des reflets chatoyants. A mesure que
l'on vit, les surfaces du monde extérieur se décolorent,
le monde moral s'atténue et s'efface insensiblement.

4.

On s'avise alors que la société est une fiction, que la lutte pour la vie est la loi commune, et que la loi commune est l'anéantissement aussi. On reconnaît qu'il n'existe aucune communion entre la nature immortelle et l'homme, et que l'homme n'est allié à l'homme qu'afin d'établir contre la souffrance un système de défense commun et profitable également à tous.

La mort est entrevue de bonne heure : le jeune homme, au premier épuisement de ses forces, au premier accès de découragement, y songe. Nous sommes des condamnés ; il arrive une heure où le soleil d'avril n'a plus le don de nous griser et de voiler à nos yeux amoureux la rapidité du temps et la proximité du terme ; alors le renouveau nous paraît une méchante ironie, parce que notre esprit s'est dévêtu en quelque sorte et ne perçoit plus que l'aridité des choses. Nous maudissons ce cercle vicieux de la vie, et ce qu'il y a de plus misérable, c'est que nous ne pouvons point nous arracher à ce recommencement perpétuel, — également incapables de l'insouciance de la jeunesse et de la résignation nécessaire.

« Pourquoi ne quittes-tu pas la vie comme un convive rassasié? » s'écrie le stoïcien. Pourquoi nos organes sont-ils usés avant notre désir? Pourquoi ne pouvons-nous accepter cette vérité multiple dont nos soixante années ont fait l'expérience :

la fragilité de l'amour ;

la fragilité de tout sentiment ;

la fragilité de toute conception,

en un seul mot, la fatalité de la fin de tout rêve, de toute jouissance, de toute beauté, et même, ô horreur ! de tout désir ?

· La vérité, c'est la défection universelle ; c'est le néant de tout ce que nous aimons, de tout ce que nous sommes ; la vérité, c'est la fatalité antique pour laquelle, comme pour le Dieu de Spinosa, ce qui est est ce qui est ; — ni le bien, ni le mal. Humainement parlant, la vérité, c'est la négation. Ne s'en aviser point, vivre au jour le jour, c'est le fait de la majorité des hommes ; la foule vit par habitude et meurt dans l'hébêtement ; les sages ou ceux qui se font appeler ainsi, épuisent leur imagination à la recherche de la vérité, rencontrent le néant, se désespèrent et, arrivés à ce terme affreux qu'ils ont fixé ardemment et vainement interrogé si longtemps, un refrain amoureux, une image lointaine se présentent à leur cerveau et leur font s'aviser qu'ils ont oublié de vivre.

Moi. Ce que tu dis là s'applique exactement aux poètes, aux rêveurs, aux mathématiciens, à toute cette race de songe-creux qui use son intelligence dans des spéculations sans but, mais non pas aux savants, aux travailleurs, aux artistes sincères, qui prennent pour objet de leurs études la nature telle qu'elle est, et la société telle qu'elle pourrait être. Les premiers sont des égoïstes et cependant ils sont pendant toute leur vie dupes de leur imagination déréglée ; les seconds sont de grands citoyens, utiles à leurs semblables, dévoués, et ils ne connaissent pas ces dégoûts, cette lassitude intellectuelle, cette peur de l'anéantissement, ces hallucinations effrayantes qui ont gâté l'existence de notre plus grand poète. Ni Franklin, ni Voltaire n'ont oublié de vivre : ils ont vécu en communion constante avec leur siècle, ils l'ont fait marcher en avant et, ayant travaillé jusqu'à leur dernière heure, ils ont connu la plénitude de la vie et non pas la satiété. Tout homme qui travaille et qui aide ses semblables jouit de la vie et ignore ces spectres rebutants qui assiégent le chevet des idéologues, des théologues, des prêtres et serviteurs de l'absolu, lesquels vivent hors l'humanité et voudraient faire partager à leurs semblables leurs terreurs, mais non pas leur oisiveté. Je ne trouve rien de si beau que ce mot d'un artisan, sa journée finie, rencontrant M. le curé qui le sermonne sur son irrégularité aux offices et le menace de l'enfer : « Feignant ! » Tout ce qu'il y a d'ironique, de méprisant et de fier dans ce cri de la conscience du travailleur ne peut être senti que de cette foule sur laquelle, défenseur des *feignants* de toute robe, tu exerces ta satire.

Lui. Eh! mon cher, je suis d'accord avec toi sur le fond ; je te parlerai ton langage si tu le désires. Oui, le travail c'est la liberté, l'indépendance est une belle chose, la vertu fait le bonheur, et il faut s'en tenir aux lieux communs si l'on ne veut pas se compromettre ; mais qu'il soit doux de ne rien faire, et que la femme du voisin soit plus jolie que la nôtre, tu ne me le contesteras pas davantage. Tu as toi-même une vocation toute spéciale pour la profession de rentier, et qui te l'assurerait serait digne de tous tes respects. Je t'assure d'ailleurs que je n'aime pas plus que toi l'hypocrisie de ce temps-ci ; je déteste les gens qui crient constamment à la décadence et qui veulent régénérer leur prochain. Je ne me suis jamais piqué de mener une vie exemplaire, mais je trousse mieux une anecdote du monde galant qu'un racontar du monde clérical. Je crois que nous valons nos pères et que nos enfants nous vaudront, quels que soient les clichés à la mode. J'ai de l'aversion pour toute espèce de pédagogues.

Moi. Tu as fait récemment une fantaisie satirique..., un projet de gynécée, qui a été fort goûtée, c'était après la brochure de Dumas fils : tu as donc une opinion sur ce qu'un de tes confrères appelle *la question de la femme?*

Lui. Oui, il y a aujourd'hui la question de la femme, comme il y a la question de l'absinthe, la question du tabac à fumer...! Je connais des hommes graves qui assurent que le tabac à fumer va, dans un temps donné, abrutir l'espèce humaine, et qu'on lui est déjà redevable des progrès effrayants du rachitisme ; ces gens-là vous présentent le tableau comparé des statistiques des conseils de révision depuis soixante ans, et ils en arrivent à prendre à la lettre les prédictions de Béranger dans sa chanson des *Pygmées.* D'autres docteurs, non moins graves, calculent et déterminent l'époque où l'usage de l'absinthe aura crétinisé et ramené à l'état sauvage les cinq dixièmes de l'Europe. Mais ce qui dépasse toute mesure, c'est le nombre des consultations données depuis trente ans sur la question de la femme. On en ferait un dossier intéressant, qui s'ouvrirait par les œuvres complètes de Dumas fils. Cette préoccupation amènera, avant l'absinthe, un ramollissement lent du cerveau de nos contemporains. Au dix-huitième siècle, il y avait beaucoup de femmes libres-penseuses et libres-amoureuses dont les boudoirs servaient de lieu de retraite à la philosophie, au scepticisme persécutés ; alors le mariage était généralement considéré comme un préjugé un peu ridicule, et les galanteries ne tiraient pas à conséquence. L'homme le plus honnête et le plus amoureux du

siècle écrivait à sa maîtresse : « Le mariage, c'est un
« vœu tout aussi insensé que les autres, à cette unique
« différence près que, par les autres, on s'engage à
« tenir tout son corps enfermé dans une grande cel-
« lule, et que par celui-ci on ne s'engage qu'à en tenir
« une partie enfermée dans une petite. » Ce ton était
admis : on prenait la femme comme un instrument
d'inspiration et de plaisir ; son esprit assaisonnait les
conversations et dégrossissait les pédants. Elle accueil-
lait ce rôle, le remplissait à merveille et ne se trouvait point le moins du monde à plaindre ; alors il
n'était pas question de *désubalternisation* de la
femme, et si quelqu'une s'avisait d'écrire, ce n'était
pas un traité de philosophie sociale sous forme de roman, c'était le récit de ses amours, avec un croquis
des rivales, et il se trouvait, dans ces livres naïfs et
coquets, des réflexions fines sur les petits côtés du
caractère des grands hommes avec qui on avait eu
affaire de cœur. Je donnerais les quarante volumes de
Mme Sand pour les lettres de Mme du Deffand, pour
celles de l'amoureuse Lespinasse, pour les mémoires
de Mme d'Epinay ; ces écrivains en peignoir raffolaient
des philosophes, plus que de la philosophie, elles faisaient des bassesses pour coucher avec Jean-Jacques
et ne se doutaient point de leur destinée sociale.

La femme a tour à tour bercé tous les dogmes naissants ; son imagination saisit le caractère mystérieux et l'avenir des idées nouvelles, elle en encourage les hardis propagateurs par ses caresses ; toutes les révolutions, toutes les conjurations sont semées d'amoureuses ; ces héroïnes sans le savoir entretiennent le génie de l'homme et sont comme un doux intermédiaire entre l'âpre nature et lui. Mais n'allez pas demander à la femme de régler les rapports du capital et du travail, de choisir les représentants du peuple, d'aider les développements de la science et ses applications à l'industrie : elle introduirait un élément malsain dans toutes ces combinaisons réservées à la lente et pénible réflexion de l'homme. Il n'y a pas d'invention qui porte un nom féminin. « — Mais l'homme est instruit ; la femme ne reçoit aucune instruction, » objectent les prétendus avocats des intérêts de la femme. — Ne voient-ils pas précisément qu'à l'origine des sociétés, comme dans la suite, l'homme a toujours senti le besoin de s'instruire, et il s'est instruit, tandis que la femme n'a éprouvé aucun besoin de ce genre. L'homme fait difficilement l'éducation de sa raison par la lecture, par l'expérience, par le travail manuel ; la femme naît complète. Je parlais tout à l'heure des femmes du dix-huitième siècle qui ont laissé des mémoires : elles savaient très-peu d'orthographe, mais elles avaient et tenaient de la nature...

quoi donc? Le style! Mettez la plume à la main de cet homme qui a fait ses classes et sait l'orthographe : dites-lui d'écrire l'histoire de sa vie. Il y emploiera des mois, il lui faudra biffer à chaque ligne et chercher la construction de la phrase. Les femmes écrivent sans travail, sans avoir appris, et nous analysons avec étonnement les délicatesses de leurs plumes, les tours heureux, ingénieux de leur pensée qui court, va et vient sur des manuscrits sans rature. Elles écrivent comme l'abeille construit ses cellules et le castor sa cabane, spontanément, sans étude préalable : c'est une grâce de nature. Maintenant sentent-elles le charme de leurs lettres, ce *naturel* qui est inimitable ? Non. C'est affaire à l'esprit de l'homme qui est affiné par le travail, l'étude, le raisonnement. C'est une stupidité de dire que la femme est ou supérieure ou inférieure à l'homme : elle est autre.

Elle est, beaucoup plus que l'homme, un être d'instinct, de spontanéité ; l'éducation n'opère pas chez elle cette métamorphose complète qu'elle opère chez l'homme. De là vient que, dans quelque rang de la société qu'elle se trouve, elle offre à l'observateur des caractères tranchés qu'il est aisé de noter. On entend dans la bouche d'une femme du peuple des mots délicats, des traits d'une sensibilité charmante qu'un romancier attribuerait à une femme du monde. En revanche, il est dans le meilleur monde des femmes qui tiennent des propos ou une conduite dignes de la dernière des filles ; elles n'ont pas la misère, la fatalité de leur naissance pour excuse ; l'animalité les domine.

Il est à remarquer que les femmes très-supérieures par l'intelligence, une Duchâtelet par exemple, présentent souvent des lacunes regrettables et même des difformités au point de vue de leur destinée sociale : elles sont très-peu femmes ; le développement anormal des facultés intellectuelles s'est fait aux dépens du développement de la sensibilité et de l'instinct. Et ces caractères moraux sont presque toujours corrélatifs à des défectuosités physiques ; la structure du corps est mauvaise ; ajoute un trait qui confirme le tout : elles manquent de grâce, elles ne savent pas ce qui sied à leur personne, il leur manque ce qui est inné aux autres femmes, le goût. Bien peu sont construites pour être mères, le pis est que celles qui le deviennent montrent une répugnance ou une maladresse extraordinaire dans l'accomplissement de leurs devoirs.

Au contraire, prends la femme d'une intelligence ordinaire et point curieuse de science : l'amour et la maternité remplissent toute son existence. Honnête ou galante, elle aime et témoigne à l'homme qu'elle a préféré une affection qui se produit sous mille formes, à chaque minute de l'existence; le vice même auquel l'instinct la mène, dans notre société mal équilibrée, ne détruit pas ce besoin d'amour et d'expansion, et de dévouement. Plus tard est-elle mère? Dans quelque condition qu'elle se trouve, elle adore ses enfants; elle les adore lorsqu'elle les gâte, elle les adore lorsqu'elle les corrompt et lorsqu'elle les vend. Le sentiment du devoir, si puissant chez l'homme, est à peu près absent chez la femme; mais il y a une chose qui survit à tout, c'est l'instinct d'amour et de dévouement; et prends la femme la plus vile, celle chez qui le sentiment moral est absolument nul: au moment où elle livre sa fille, elle ne cesse pas de l'aimer, de « vouloir son bonheur, » et si la prostituée tombe au dernier cercle de l'enfer parisien, elle retrouve près d'elle la vieille, toujours affectueuse et dévouée.

L'homme « se fait une raison, » sa conscience se développe par le spectacle du bien et du mal; il n'en est pas de même de la femme : elle fait le bien et évite le mal sous la discipline de l'homme, par habitude, par respect humain. Elle comprend peu la justice, qui est affaire de raison; elle aime la charité, qui est affaire de sentiment; elle agit par enthousiasme, par antipathie, et ne raisonne pas ses actions. Les dramaturges se creusent la tête pour expliquer la chute effroyable d'une femme du meilleur monde, distinguée,

instruite même, qui s'est trouvée tout d'un coup
laissée à elle-même ; c'est que l'homme est indispen--
sable à la femme, tandis que la femme n'est pas indi ﻪ
pensable à l'homme ; il y a une fatalité qui pèse sur
la femme et que l'homme arrive à dominer : l'homme
répond toujours de lui, la femme ne répond pas d'elle.

Avant tout, il faudrait qu'on n'employât pas la
femme à un autre usage que celui que prescrit la nature et que, sous prétexte de la relever, l'homme ne
s'assujettît pas à ses instincts. Je comprends qu'on
aime un peu les oiseaux, beaucoup les fleurs, pas-
sionnément les femmes, mais je ne comprends pas
qu'on enchaîne son activité et sa raison dans les bras
d'une femme. C'est cependant à quoi romanciers,
poètes, philosophes, publicistes, socialistes poussent
cette génération depuis vingt années. L'homme ab-
dique ses premiers devoirs et en fait hommage à la
femme ; il prétend *l'émanciper* et, en réalité, il s'abêtit
lui-même et s'annule. Sous prétexte de découvrir la
mission de la femme, il la transforme en un instrument de démoralisation : il analyse les servitudes du
sexe et s'humilie devant elles ; volonté, logique, puis-
sance, il lui accorde tout cela, cédant à une certaine
lâcheté qu'il ne s'avoue pas à lui-même, et messer
cocuage est devenu un sphinx qui terrifie nos plus
profonds philosophes. Nous voyons se renouveler la

fable de Circé : les *désubalternisateurs* mettent eux-mêmes la baguette magique à la main de la déesse, et ils continuent de déraisonner de son pouvoir mystérieux, sans s'apercevoir qu'ils sont métamorphosés. De là est sortie cette littérature de cochons qui a empesté le second empire et émasculé la génération nouvelle. On a pris à la lettre les hyperboles des poètes, on a exalté l'amour byronien de la courtisane, et tout ce qui tient une plume s'est attaché à décrire les spasmes les plus capricieux de cet organe que les poètes païens du dix-huitième siècle appelaient le sanctuaire de Cypris et que Michelet appelle le *saint des saints de la nature.*

On n'a jamais supposé une société uniquement composée de femmes : elles ne pourraient pas avoir de *cercles,* elles s'ennuieraient abominablement si les hommes s'avisaient de déserter leurs salons : de quoi caqueter, et à quoi bon fleurettes et pompons?

Y a-t-il rien de plus inepte que l'homme à la mode, l'homme à bonnes fortunes, la coqueluche des salons? Y a-t-il rien de plus plat que ce qu'on appelle le monde, et de plus hébété qu'un diseur de galanteries entre deux jupons dans une embrasure de fenêtre? Y a-t-il rien de plus niais que ces proverbes et saynettes à l'eau de rose où l'art de dire des riens galamment est poussé à ses dernières limites, rien de plus abêtissant que ces innombrables drames qui pivotent tous sur une coucherie incorrecte, sur un caprice du *saint des saints?* Y a-t-il rien de plus pitoyable qu'une grande nation qui s'ébahit sur de pareilles fadaises et en oublie pendant dix-huit ans le soin de sa dignité, de sa fortune, de sa vie?

Moi. Diable, l'amour que tu portes au régime déchu ne procède d'aucune illusion.

Lui. Les philosophes du XVIIIe siècle avaient conquis l'attention et le zèle des femmes : par attachement pour eux, elles approchaient leurs belles lèvres rouges de la coupe amère de la science ; ceux du jour se sont agenouillés devant la femme ; ils contemplent les lèvres rouges, ils attendent que la vérité, la vertu, la science en découlent, et ils trébuchent dans leur extase, et ils roulent dans la bestialité sans avoir ni émancipé, ni relevé, ni désubalternisé la femme, qui n'a jamais été ni subalterne, ni esclave.

Que les poètes chantent l'amour et que les jeunes gens le fassent, tout est dans l'ordre, et si une femme ne trouve pas dans son mari de quoi satisfaire la curiosité de son cœur ou l'ardeur de son tempérament, et qu'elle cherche ailleurs, c'est un petit mal ; il le faut prévenir en armant de bonne heure la jeune fille de respect humain, d'honneur..., etc. Opposons la philosophie du bonhomme Chrysale et du grand

Molière (qui fut cocu) aux théories sanglantes des moralistes du jour :

> Pensez-vous qu'à choisir de deux choses prescrites
> Je n'aimasse pas mieux être ce que vous dites,
> Que de me voir mari de ces femmes de bien,
> Dont la mauvaise humeur fait un procès sur rien ;
> Ces dragons de vertu, ces honnêtes diablesses,
> Qui, *pour un petit tort qu'elles ne nous font pas,*
> Prennent droit de traiter les gens de haut en bas,
> Et veulent, sur le pied de nous être fidèles,
> Que nous soyons tenus à tout endurer d'elles ?

Eh ! acceptons nos femmes comme elles sont ! Ne prétendons pas en faire des dragons de vertu ! Tenons-nous en au vieux proverbe : « Ce que femme veut, Dieu le veut. » Nous ne les corrigerons pas en les menaçant de mort, ni en les condamnant à une flétrissure publique et irréparable, châtiment disproportionné et qui nous frappe autant qu'elles ; nos pères étaient *galants ;* sous prétexte d'être vertueux, ne soyons point féroces. Ce puritanisme ne convient pas aux Français, et ce qu'il y a de pis, c'est qu'il manque absolument son but. A-t-on changé un iota à la condition de la femme ni aux mœurs de la nation ? et tous les pistolets que nous brandissons ont-ils fait reculer messer cocuage d'un pas ? Ce qui est étrange, c'est qu'autant les dramaturges montrent de sévérité pour les femmes honnêtes, autant ils témoignent d'indulgence pour les courtisanes ; il semble qu'il y ait là-dedans le calcul égoïste de gens qui seraient bien fâchés que leur femme les trompât et qui ne le seraient pas moins que la courtisane vînt à manquer. Les poètes ont naturellement prêté le luxe de leurs rimes à cette morale en partie double, et ces escobarderies ont plus contribué à pervertir notre esprit qu'à rectifier nos mœurs.

Moi. Il me semble que tu professes une médiocre estime pour messieurs les poètes : est-ce depuis que tu as quitté la confrérie? As-tu à te plaindre d'eux?

Lui. Je suis fâché de les voir admis partout où on a besoin de jugements sains, de calculs exacts et de prose claire. Le goût de la poésie est une excellente chose, l'engouement pour les poètes ne vaut rien. Ces messieurs ont déserté leur ancien territoire ; ils ne se contentent plus de chanter les femmes, les oiseaux, les fleurs et autres objets charmants ; il leur faut se mêler des lois et des institutions du pays, de l'avenir du pays, de la politique du jour, de la conduite des puissances étrangères..., etc..., etc..., ils se font prophètes et pédagogues, ils désubalternisent la femme, ils confondent et corrompent les notions les plus claires et encombrent la place publique de leur personnalité sonore et vide.

Moi. Est-ce que le poète n'est pas légitimement prophète? Dès qu'il interpète les vœux de son époque,

les aspirations de ses concitoyens, il en accélère la
réalisation...

Lui. Il n'accélère rien du tout. Une chose avant toutes
distingue le poète des autres hommes, le caractérise :
c'est l'expansion de sa personnalité. Il rapporte tout à
lui, il fait de son individu le centre de toutes choses :

> Tout souffle, tout rayon, ou propice ou fatal,
> Fait reluire ou vibrer mon âme de cristal,
> Mon âme aux mille voix que le Dieu que j'adore
> Mit au centre de tout comme un écho sonore.

Le poète se met en dehors de l'humanité ; il s'éblouit
en contemplant les rayons du soleil qui viennent con-
verger sur sa personne et en font le phare du monde.
Car il prétend éclairer les peuples : c'est lui qui dicte
à la foule les éloges que celle-ci répète. Le poète a foi
en lui ; le poète est à lui-même son Dieu, — son Dieu,
sa patrie, sa famille, son tout. C'est pourquoi il est
souvent très-mauvais père de famille, mauvais patriote, mauvais ami, et Platon l'exilait de sa République. « Il faut des hommes de génie, disait Rameau,
mais il ne faut pas que la graine en soit commune. »

Ainsi trempé et affiné pour tout éprouver et saisir,
le poète chante tout. Tout événement, heureux ou
malheureux, toute idée, bienfaisante ou funeste, lui
agrée. Il puise son inspiration tour à tour dans la foi
monarchique et dans le principe républicain, — dans

le sentiment spiritualiste et dans l'idée athéistique. Ne crois pas qu'il pense ce qu'il écrit ; il ne pense pas, il sent. Rien ici-bas n'a séduit exclusivement et sans retour sa raison ou son cœur ; il ne croit qu'en lui-même, il n'est persuadé que de son tout-puissant génie et du culte que lui doit la foule ; il est arrivé que la foule a manqué à ses devoirs : le poète en est mort.

Donc, cette créature exceptionnelle n'a pas d'idées, pas d'opinions, ni en politique ni en morale ; elle n'en a pas, car elle les a toutes, elle les adopte toutes. Le poète est l'enfant gâté des idées. Malheur à qui, lisant ces admirables vers, sera saisi et convaincu, parce qu'en tournant la page, il rencontrera la conviction opposée. Cette faculté d'assimilation a été exprimée en des vers exquis :

> ..... La bagatelle, la science,
> Les chimères, le rien, tout est bon : je soutiens
> Qu'il faut de tout aux entretiens :
> C'est un parterre où Flore épand ses biens ;
> Sur différentes fleurs l'abeille s'y repose,
> Et fait du miel de toute chose.

Ailleurs :

> ..... Il n'est rien
> Qui ne me soit souverain bien
> Jusqu'aux sombres plaisirs d'un cœur mélancolique.

L'âme impressionnable du poète résonne délicieusement à tous les bruits de la nature, elle s'isole pour recueillir les impressions extérieures, jusqu'au plus léger souffle du zéphyr, et ce chant attendrissant qui vous émeut, ô vulgaire, jusqu'aux larmes, n'est que l'effet de l'haleine des vents dans les cordes d'une harpe.

Idéalisant toute chose, et le vice et le crime, et les plus sinistres débauches, le poète a le don de corrompre et de démoraliser les âmes, comme il a celui de les élever. Car la morale humaine n'est pas faite pour ce Dieu, il lui est supérieur — ou inférieur ? Vois l'homme : il est nul. Toutes les qualités du caractère lui sont refusées ; il est incapable des vertus domestiques et civiles, et toi, critique, tu t'étonnes de l'inconstance des opinions et de la servilité de ce grand homme ; tu cherches ce que sont devenus sa femme, ses enfants : l'une vit dégradée, les autres sont on ne sait où, la fortune est dissipée. Il faut que l'Etat entretienne le poète, le pourvoie d'une sinécure, d'une rente, et se fasse en quelque sorte son tuteur, car ce guide des sociétés ne sait point se guider lui-même ; il est mineur, incapable des préoccupations de la vie vulgaire. Homère est le type du poète : il mendiait.

Te rappelles-tu les vers de H.....?

> La poésie, ami, cette nuit est venue.....
> ..... Enfant, m'a-t-elle dit, aujourd'hui je veux bien,
> Je veux bien être tienne et vivre de ta vie,
> Je veux que hors de moi tu ne connaisses rien,
> Car je te tiendrai lieu de mère et de patrie.

Je dorerai le monde et la vie à tes yeux ;
Tu ne saisiras plus que le reflet des choses ;
Je peuplerai tes nuits de spectres gracieux,
Sur tes pas, jeune dieu, j'effeuillerai les roses.

Nous chanterons l'amour, ses peines, ses délices,
    Ta maîtresse et ses trahisons ;
Tu confieras à tous tes rêves, tes supplices,
    Tes désirs et tes déraisons.

Des pleurs délicieux mouilleront ta paupière,
O sublime égoïste, ô poète, ô charmeur !
Lorsque tu chanteras les horreurs de la guerre,
Et les lauriers sanglants jonchant au loin la terre,
Et des désespérés la suprême clameur.

Ainsi, divin écho des passions humaines,
Tu connaîtras enfin la grande volupté.
Le monde t'aimera, car tu l'auras chanté :
Il pleurera, lisant tes poétiques peines,
Et verra sur ton front le symbole sacré.

« Sublime égoïste ! » — C'est tout le poète.

Moi. On peut dire, d'ailleurs, de l'artiste en général, ce que tu dis du poète : l'artiste, quelque travailleur qu'on le suppose, est constamment dominé par son imagination et sa sensibilité : en ce sens, il est un peu femme. Le sens critique lui faisant défaut, il a très-peu le sens moral.

Lui. Ce n'est donc pas un paradoxe, de soutenir que votre République niveleuse achèverait la banqueroute de l'art et de la poésie. Songe que ces rêveurs se f.... de l'égalité et de la justice ; ce qu'il leur faut, ce sont des lignes et des couleurs, la grande mer, l'azur implacable du ciel occidental, les plis harmonieux d'une robe, et, sous cette robe, des chairs étincelantes. Ils répètent tous les vieux vers de Gautier :

> Vos discours sont fort beaux, magnanimes tribuns,
> Vos discours sont fort beaux, mais j'aime mieux les roses.

Et depuis l'impeccable Gauthier jusqu'au plat Boileau, ils ricanent tous du philanthrophe crotté qui rédige en articles de loi la justice et la fraternité.

Moi. Et ils ont bien raison, n'est-ce pas! Ils n'aiment point chercher leur pain, comme Colletet, « de cuisine en cuisine, » et si le four gouvernemental le leur cuit quotidiennement, ils exalteront en rimes sonores les gracieuses proportions du four gouvernemental. Nous autres, gens qui critiquons, nous autres, eunuques (comme ils nous appellent), nous pouvons avoir du caractère et en montrer, pratiquer la justice et faire respecter en nous la dignité humaine ; nous le faisons chacun à notre façon, mais les artistes aiment bien mieux décrire les expériences sensuelles de Mlle de Maupin, ou dédier au chef de l'Etat un cygne dont les ailes étendues couvrent les cuisses fraîches de Léda; dans un autre moment ils tourneront en satire les goûts socratiques du même chef d'Etat. Qu'importe ce que leur outil léger cisèle, pourvu que les ciselures soient délicates et saisissent d'admiration le passant, le bourgeois, le citoyen, le critique,

l'eunuque..... du suffrage duquel ces têtes orgueil-
leuses et folles ne se peuvent point passer !

Seulement cet avilissement ruine l'art : il n'y a
plus de poètes, de peintres, ni de littérateurs ; il
n'y a qu'une tourbe de prostitués : l'art véritable
ne consent pas à cette honte : il s'adresse toujours à
ce qu'il y a de plus noble dans l'homme.

Lui. Tu parles comme un livre classique, *ad usum
juventutis.* L'art et la morale ce sont deux choses ;
ces deux choses n'ont entre elles aucun lien et ne se
trouvent qu'occasionnellement réunies ; les critiques
sages ont maintes fois voulu marier l'art à la morale
et ils ont même rédigé des tomes de préceptes sur ce
sujet, mais leur prud'homie s'est trouvée toujours en
défaut ; leur esthétique n'a produit que des œuvres
ineptes, bonnes à couvrir les murailles des mairies.
La morale et l'art ont toujours fait mauvais ménage,
en dépit des conventions sociales, et franchement je
sais gré aux artistes d'avoir répudié celle-ci et ren-
voyé M. Prudhomme et le bon Rollin dos à dos. Que
les moralistes de l'école du bon Rollin montrent à tout
propos le vice puni et la vertu récompensée, l'art ne
s'assujettira pas à ce mensonge puéril, il ne s'at-
tachera pas davantage à colorer hideusement le péché,
dont les aspects sont naturellement plaisants. Notre
morale respecte les conventions ; l'art respecte la

nature. *Mademoiselle de Maupin* a fait scandale, mais *Mademoiselle de Maupin* a eu quarante éditions, en dépit du pathos philosophique qui dépare des descriptions érotiques exactes et réussies; — qu'est-ce donc que ce scandale, sinon l'explosion de l'hypocrisie publique! Crois-tu que si tout ce que nous disons ici était imprimé, il n'y aurait pas des gens qui se voileraient la face et se boucheraient les oreilles pour ne pas entendre l'écho de leur propre conscience. Laissons les dictionnaires prétendre qu'un certain Voltaire a fait quelquefois un usage inconvenant de son talent, et que Rabelais serait un auteur ingénieux si son langage n'alarmait pas la pudeur : la nature est belle toute nue, elle est encore plus belle toute amoureuse, témoin l'invocation de Lucrèce. Elevons-nous au-dessus de ces énervements de la pensée moderne, au-dessus de ce langage étriqué, bien plus obscène dans sa modestie affectée que le grand langage des anciens...

Moi Eh, je ne suis pas plus bégueule que toi. Je prends la morale pour ce qu'elle est en dernière analyse : l'art de la double conservation de l'individu et de l'espèce.

Lui. C'est l'hygiène, cela.

Moi. Faire le bien, fuir le mal, voilà le précepte, voilà l'axiome fondamental de toute philosophie, de toute religion, voilà le fond même de la conscience humaine et ce qui a permis de dire qu'il n'y avait qu'une morale chez tous les peuples et dans tous les temps. Faire le bien et fuir le mal, là-dessus tout le monde est d'accord, le paganisme et l'âge moderne, le sauvage et l'homme civilisé, le Turc et le chrétien, l'ignorant et le savant, l'opprimé et l'oppresseur, celui qui possède et celui qui ne possède pas.

Seulement, quel est le bien? — Quel est le mal? Ici le désaccord commence entre le prolétaire et le propriétaire, entre l'opprimé et l'oppresseur..., etc. L'erreur est le plus souvent une des faces de la vérité, elle procède de l'étroitesse de l'esprit humain, qui ne saisit que ce côté, sous l'influence de ses sens, de son orgueil, de son intérêt. Ainsi le droit change suivant le milieu, et le malentendu ne vient pas d'autre chose, n'est-ce pas, que de la division des intérêts, de la diversité des points de vue. Nul ne veut se placer au point de vue du voisin, et respecter sa jouissance; c'est cependant le meilleur moyen pour que le voisin n'entame pas la sienne.

Lui. C'est très-beau, cela. Tu parles maintenant comme l'Evangile. Seulement, qui donnera l'exemple?

Moi. Ce n'est pas la gent bonapartiste, qui ne rêve que confiscations et proscriptions.

Lui. Nous avons quitté le terrain politique, et je t'ai déjà déclaré que la morale n'avait rien à démêler avec la politique; M. Nisard a voulu arranger cela, on l'a sifflé.

Moi. Allons, tu recules. Eh bien, j'achèverai ma pensée, et je dirai que si les hommes voulaient s'entendre une fois et faire une grande expérience, ils s'aviseraient que leur bien-être gît dans l'observation scrupuleuse de cette double maxime à laquelle Voltaire ramène toute morale et que la Déclaration de l'an III a adoptée : Faire à autrui ce qu'on voudrait qui fût fait à nous-mêmes ; ne pas lui faire ce que nous ne voudrions pas qu'il nous fît.

Lui. On a appelé cela la morale de l'intérêt...

Moi. Le mot est inepte..., à moins que l'on n'ait voulu dire que la morale et l'intérêt ne font qu'un, et qu'un fourbe finit un jour par être dupe de sa fourberie. Car je crois fermement à l'exactitude constante de ces corollaires :

Tempérance	— Santé.
Véracité	— Crédit.
Probité	— Confiance.
Travail	— Intelligence.
Intégrité	— Estime... etc.

Il faudrait que le monde s'avisât unanimement de ceci et l'adoptât comme article de foi, savoir : Ce qui est bien est bon ; ce qui est mal est mauvais...

Lui. L'amour est une chose très-agréable, comme dit la chanson...

Moi. Oui, et la débauche a pour cortége le dégoût et la maladie ; l'immoralité d'une œuvre d'art, c'est sa fausseté, et tel livre, tel tableau pèche par omission, est incomplet, faux, immoral, qui donne à la débauche les aspects riants de l'amour et non les aspects repoussants de la satiété et de la maladie. Immoral, le débauché ; immoral, le meurtrier, parce que le premier compromet la conservation de son individu, le second celle du voisin, tous deux celle de l'espèce.

Lui. C'est une façon de parler.

Moi. J'ajoute : immoraux les artistes ; le vulgaire s'éprend de leurs héros, les imite, et il est dupe, dans son corps et dans son âme, de l'imagination déréglée de ces messieurs.

Lui. Tu me rappelles la situation désolante de ce héros d'un roman de Lamartine, auquel son médecin avait défendu... *d'aimer*, sous peine de mort : chaque fois que le malheureux voyait sa maîtresse, il soupirait, il se rappelait sa maladie de cœur, la défense du médecin..., et il était MORAL !

Moi. La description complaisante de sa torture ne l'est pas.

Lui. Enfin, la conservation de son individu, l'amour de soi est le fondement de ta doctrine en morale : elle fera fortune. Mais, mon cher, ton positivisme est du vieux-neuf, il est renouvelé de Larochefoucauld.

Moi. Larochefoucauld est un auteur sec et sans imagination ; son livre est un recueil de définitions heureuses et de formules spirituelles. Il ne fait bien souvent que retourner le vêtement d'une idée ; il la présente ainsi déguisée, et on a le plaisir de la reconnaître ; c'est là le piquant de ses *Maximes*. Les natures douces ou passionnées, les imaginations vives ne l'aiment pas ; elles sont choquées de voir ainsi les grandes passions réduites en une formule algébrique. Larochefoucauld est antipathique aux artistes ; il l'est aussi aux moralistes. Ceux-ci ont découvert que le livre des *Maximes* était immoral ; autant dire qu'une pièce d'anatomie est obscène. Leurs commentaires présentent ce savant analyste comme un avocat de l'amour-propre, c'est simplement ridicule. Larochefoucauld n'a pas exalté l'amour-propre, à quoi bon! Il en a seulement signalé la présence dans toute la conduite de l'homme. Dire qu'il y a chez l'homme un instinct de la conservation, un attachement à la vie très-puissant, ce n'est pas avancer une opinion immorale. Pourquoi serait-ce immoral de dire qu'il n'y a point d'acte de vertu, de courage, ni de dévouement même où ne se révèlent l'amour de soi et l'orgueil?

Les catholiques ont cessé de prétendre que l'orgueil est un vice du paganisme; car on a signalé depuis longtemps ce vice, si c'en est un, dans l'humilité même que le prêtre affiche et dont il fait profession. On pourrait faire un beau morceau de rhétorique en l'honneur de ce sentiment : depuis nos premiers parents, qui ont succombé à l'espoir de *devenir semblables à Dieu*, on pourrait montrer que tous les actes d'héroïsme, toutes les grandes découvertes et, en un mot, la science du bien et du mal, est une conquête de l'orgueil, de l'amour de soi, de l'instinct de la conservation, qui sont le fonds et le tréfonds de la nature humaine, sans lesquels il n'y aurait ni civilisation, ni science, ni humanité.

Lui. Quelle est la dose d'*amour de soi* que tu remarques dans le dévouement de Curtius ? Si c'est par amour de soi qu'il s'est jeté dans le gouffre, il faut recourir à l'explication spiritualiste, et dire qu'il faisait une fausse application de ce sentiment. Tu sais, on objectait au meilleur ami de M. Caro (1) : « Le sauvage qui danse autour d'un tronc d'arbre taillé, n'a pas l'idée innée de Dieu ; le même sauvage qui admire des verroteries et des étoffes de couleurs criardes, n'a pas l'idée innée du beau. » — « Il a ces idées innées, répondit l'ami intime, mais il en fait une application défectueuse. »

(1) Philosophe et académicien français.

Moi. Eh bien, je ne comprends pas à ta façon les actes d'héroïsme dont l'antiquité nous a légué le souvenir. A mon avis, les grands hommes de Plutarque, par exemple, n'ont été de grands hommes que parce qu'ils avaient cette teneur de vie, cette logique dans la conduite, cet esprit modéré, ce jugement impassible que les moralistes et les romanciers d'aujourd'hui semblent priser si peu. Ils ne surexcitaient pas leur imagination, ils ne vivaient pas dans la contemplation de l'extraordinaire, ils ne visaient pas à l'héroïsme, aussi la mort violente ne les surprenait pas; ceux qui se sont sacrifiés à la conservation de leurs concitoyens l'ont fait sans faste, sans ivresse, sans distinguer s'ils cédaient à une nécessité d'ordre physique ou à une nécessité d'ordre moral.

Lui. Ils croyaient à une volonté des dieux, la superstition les enflammait.

Moi. Dis : l'idée de la patrie, plutôt. Les anciens ne subordonnaient pas le droit humain au droit divin, la justice, la dignité humaine à un caprice de la divinité ; c'est notre superstition chrétienne qui a mis la morale dans la dépendance de Dieu, et c'est pourquoi je voudrais voir adopter par tous les hommes le point de vue exclusif de l'humanité : *Fais à autrui ce que tu voudrais qu'il te fît; ne lui fais pas ce que tu ne voudrais pas qu'il te fît à toi-même.* Voilà le droit humain, au regard duquel la Saint-Barthélemy est le plus grand des crimes, et qui n'admet point un intérêt spécial de Dieu, une *majorem Dei gloriam*, des intérêts de la religion et d'autres fictions de ce genre destinées à couvrir tous les crimes et à ruiner la tolérance, la paix, la concorde, la moralité parmi les hommes.

Crois-tu donc que ce ne serait pas le plus vertueux et le plus grand des hommes, celui qui pratiquerait scrupuleusement cette morale, qualifiée par des imbéciles morale de l'intérêt?

Lui. Je te l'accorde absolument, c'est la plus raisonnable, la plus utile, — et la plus impraticable de toutes, car elle tend à faire dépérir et tomber en désuétude tout dogme surnaturel, tout mystère, toute religion. Et il y a dans la religion des contradictions, des tolérances dont s'accommodent trop spécialement la faiblesse et l'injustice humaines.

Moi. Libéraux et républicains travailleront sans relâche à séparer la morale de toute spéculation métaphysique, à la distraire du dogme, du culte, soit catholique, soit autre, où les religionnaires l'enveloppent opiniâtrement. La morale est quelque chose de permanent, quelque chose de supérieur aux religions et aux systèmes philosophiques ; religions et systèmes s'en vont : la morale demeure. C'est précisément une religion moribonde qui rattache à soi la morale ; elle s'y retranche réellement, elle exploite la conscience humaine, l'antipathie qu'inspire le mal, la sympathie qu'inspire le bien ; elle se pare des préceptes de la philosophie la plus ancienne et réclame le brevet d'invention pour des vérités contemporaines des premières générations, et qui ont surnagé après la submersion de quarante religions.

Les religions n'ont jamais fait que compromettre la morale et la corrompre, soit par des maximes outrées, soit par une casuistique facile, soit par des pratiques inhumaines : c'est aux philosophes à revendiquer l'indépendance absolue de la loi morale, c'est aux gouvernements à la consacrer par une séparation scrupuleuse de la science et de la *révélation*, de la logique et du catéchisme.

Les latins n'ont pas connu cette funeste superstition ; leur Dieu était, comme le nôtre, la toute-puissance et la toute-bonté (*optimus maximus*), mais il ne faisait pas la vérité ; elle était en dehors de lui et il lui était soumis comme tous les hommes. Ce peuple spirituel avait un idéal supérieur aux genèses anciennes, il croyait qu'il y a des axiomes en morale comme en mathématiques, et que ces axiomes sont à la connaissance de chacun pour que chacun s'y conforme sans qu'il soit besoin de l'intervention d'un ministre du culte, ou d'une légende ou d'une parabole.

Cicéron s'écrie quelque part : « Qui donc a ja-
« mais remercié les dieux de ce qu'il était honnête
« homme? — La richesse, les honneurs, une bonne
« santé voilà des présents de la divinité pour les-
« quels nous lui devons de la reconnaissance, c'est
« même ce qui nous fait l'appeler toute-puissante et
« toute-bonne. C'est le sentiment de tous les hommes :
« on doit tenir la fortune de Dieu ; — la vertu de soi
« seul. »

N'y a-t-il pas dans ce langage un sentiment profond
de la dignité et de la liberté humaines? Le catholicisme, sous prétexte d'humilier l'homme, l'a avili et
en a fait un instrument dans la main de ses semblables :
c'est là l'erreur capitale de cette longue réaction contre
le paganisme, et le grief le plus sérieux qu'aient in-
voqué les auteurs de la protestation qui s'appelle,
sous ses deux faces principales, la Réforme et la Re-
naissance.

Lui. Bah! il n'est pas mauvais que l'homme s'humilie : c'est utile au maître, et les gens n'en souffrent point.
L'état d'humiliation est un état très-heureux ; je connais beaucoup de personnes qui seraient désolées que
tu les affranchisses. Tas de révolutionnaires que vous
êtes, vous verrez se renouveler la scène de Sganarelle
battant sa femme. Sganarelle, c'est le maître et sei-
gneur ; sa femme, c'est le pauvre peuple : vous, vous

êtes M. Robert qui intervient indiscrètement, s'indigne de la brutalité du souverain et s'apitoie sur l'humiliation du battu ; celui-ci se retourne brusquement, et lui jette à la face ce mot : « Et s'il me plaît qu'il me batte ! » Il est arrivé plusieurs fois déjà que les émancipateurs du peuple ont reçu ce camouflet de l'intéressante victime qui entend être victime, qui affectionne l'état de victime, et vous trouve impertinents de vouloir changer sa situation.

Moi. Nous voulons qu'elle apprécie sa situation, qu'elle arrive à s'en indigner ; plusieurs fois déjà elle nous a acclamés avec enthousiasme...

Lui. Et vous vous êtes retournés et d'un air confit vous avez dit : « Non, mes amis, il ne faut pas crier : « *Vive Gambetta!* Il ne faut pas crier : *Vive Jules* « *Favre!* Il faut crier : *Vive la République!* qui vous « fait libres. » Et les émancipés gueulaient plus fort que jamais : « *Vive le citoyen Gambetta!* c'est-à-dire : « *Vive not' nouveau maître Gambetta!* A bas le gou- « vernement d'hier, qui est par terre ! Vive le gouver- « nement d'aujourd'hui qui est debout! » Et vous marmottiez dans vos barbes pensives : La France devient républicaine. Quand la France a vu que vous la gouverniez pour la frime, que vos sabres étaient de bois et vos pistolets de paille, la France vous a méprisés : c'est bien fait !

Moi. La France n'a pas tant méprisé que tu veux bien le dire le gouvernement républicain qui hérita de l'empire la ruine et l'invasion : ou bien admettons qu'elle lui a témoigné son mépris en envoyant à l'Assemblée tous ses amis dans dix ou douze scrutins successifs. Vous autres, bonapartistes, vous témoignez un trop grand mépris de l'histoire; il faudrait vous concerter et ne faire jouer qu'un seul rôle aux républicains : tantôt, à vous entendre, ils sont des dupes, des rêveurs, des imbéciles; tantôt ils sont des scélérats.

Lui. Eh! eh! nous avons pour nous le vieux mot de M. Thiers...

Moi. Avoue que nous sommes des dupes quand nous échouons, et des scélérats quand nous réussissons, et que toute la nation est avec nous.

Lui. Nous avez-vous traités autrement, selon les circonstances?

Moi. Non point. Fourbes vous êtes et vous demeurez, avant, pendant et après.

Lui. Dupes, jamais!

Moi. Là!!! Avoue donc une chose encore, c'est que nous sommes des gêneurs avec notre manie de signaler aux électeurs votre duplicité et celle de vos alliés; je ne te tiens pas quitte sur la morale. Il se forme un noyau, qui grossit de jour en jour, de gens exigeants qui réclament un peu de moralité, de probité vulgaire chez les hommes politiques. Ces gens-là notent vos discours, vos actes, opposent les uns aux autres et vous mettent au pilori de l'opinion ; pilori qui n'est point uniquement métaphorique depuis que l'opinion s'appelle, de son nom politique, *suffrage universel.*

Lui. Ne touche pas à cela : cela nous appartient ; c'est un instrument compliqué dont nous savons jouer mieux que personne...

Moi. Quand vous êtes au pouvoir.

Lui. Et quand nous voulons y arriver. Sur ce point-là je ne te ferai aucune dissertation qui pourrait être une révélation ; je sais à quoi m'en tenir. Je te l'ai dit et je le maintiens, nous savons nous emparer de l'opinion, en dépit de M. Derude, que tu déclares un homme sérieux et un « caractère. »

Moi. Qui vivra verra. Je n'ai pas envie de savoir ton secret, parce que je ne crois pas à ton secret ; je ne crois qu'à votre aplomb à tous en général : c'est votre seule ressource. Mais explique-moi donc une chose qui m'étonne. Pour revenir à nos moutons, comment avez-vous imaginé de vous faire dévots ? N'est-ce pas une grosse maladresse ? Quand le diable se fait ermite, c'est qu'il a usé toutes ses séductions ; Rata-poil en capucin est grotesque.

Lui. Dis que tu ne le reconnais pas ; il n'est pas grotesque, car il a besoin de cet accoutrement. Ce pays-ci est le moins religieux de l'Europe, je te l'accorde, mais il en est le plus clérical.

Moi. Tu joues sur les mots.

Lui. Nullement. Le clergé catholique, en France, est un parti d'action, c'est un auxiliaire que nous ne dédaignons pas tant qu'il n'y a rien de fait : si tous les curés de France voulaient servir notre cause auprès de leurs pénitentes, en chaire, au coin du feu, partout, le nom de Napoléon IV sortirait du premier plébiscite.

Moi. Je n'en crois rien du tout. Regarde le succès de la propagande cléricale, écoute les sifflets qui accompagnent les pèlerins jusqu'au fond de la Bretagne ; cette comédie fait hausser les épaules, personne n'en est dupe, elle a fait énormément de mal à la cause du comte de Chambord, et tu veux qu'elle serve le fils de l'Espagnole ?

Lui. D'abord quand les républicains attaqueront le parti clérical, nous dirons qu'ils sont d'accord avec M. de Bismarck, et la foule criera après nous : « *Sus aux Prussiens!* »

Moi. Vraiment, vous vous imaginez la foule bien stupide. Elle ne le sera jamais suffisamment pour que vos desseins réussissent. Ce qui est vraiment indigne, c'est que vous savez qu'il y a dans cette foule beaucoup d'âmes passionnées, d'esprits étroits et fougueux que rien n'arrêtera, et vous exploitez à l'avance les probabilités de guerre civile que vous avez conçues et calculées. Vous savez qu'il y a un danger réel à faire dépendre exclusivement la morale de la religion et le salut de la société de la croyance en Dieu ; mais ce danger entre dans vos prévisions, et vous aimez mieux la foule abêtie au besoin par la passion religieuse, que railleuse et indépendante. Voici un homme du peuple, illettré et naïf, qui respecte nos lois et nos conventions parce qu'on lui a dit que le bon Dieu l'ordonne ; il n'a ni la notion du devoir, ni le sentiment de sa dignité personnelle : le sentiment religieux lui tient lieu de tout cela. Mais si ce sentiment vient à défaillir, si un propos de cabaret ou une phrase de journal ébranle le respect des flammes de l'enfer, dans cette intelligence pauvrement meublée, la débâcle est rapide ; vienne la famine, que reste-t-il ? Rien ! Le camarade a commencé par traiter de *feignant* un prêtre qui passait, et comme le bonhomme n'a ses idées fixées que par la soutane, par les chandeliers dorés, par le crucifix et le ronflement de l'orgue, le jour où il se sent, lui, travailleur, supérieur à toutes ces choses, il méprise et bafoue toute croyance, et sa vie est sans boussole ; vous en faites de la chair à canon, un fusilleur ou un fusillé.

Nous faisons donc bien d'établir des retranchements, afin que, le jour où l'athéisme apparaît à l'esprit de l'ignorant, il ne se trouve pas livré à la fatalité et au mal ; nous faisons bien de dire à ce travailleur :

« — Tu es un homme et tu vaux le voisin ; tu es
« toi-même respectable, parce que ton travail est utile
« à la société : tu es la société. Ton camarade, qui
« boit, se soûle et vole, sera écrasé tôt ou tard, sans
« que personne s'occupe de l'accident. Toi, tu es libre,
« parce que tu ne dois rien à personne, et tu n'es
« responsable qu'envers toi-même d'une heure de pa-
« resse ou d'un verre de vin de trop. »

Lui. L'esprit français est beaucoup moins indépendant que tu ne crois : tu parles constamment de dignité, de liberté, de responsabilité. Ce sont des mots dont très-peu de monde conçoit toute la portée ; le Français est frondeur, mais sa raillerie ne pénètre pas très-avant ; il a beaucoup de respect pour tous les préjugés établis, il est très-timoré, très-circonspect et peureux. A la première maladie il envoie chercher un prêtre, à la première révolution il s'abonne aux revues religieuses. Enfin, ce pays-ci est encore le plus favorable aux développements de la caste ultramontaine, qui n'a pas su demeurer l'alliée des autres Etats. Contre ce qu'on appelait jadis « les ennemis de l'intérieur », contre toi et tes amis, le clergé pourra servir à tout gouvernement intelligent d'auxiliaire précieux.

Moi. Ce clergé discréditera le gouvernement qui s'appuiera sur lui, et ruinera le pays qui le laissera gouverner sous main, voilà tout.

Lui. Il y a une manière de s'y prendre, et nous la connaissons, rassure-toi.

Moi. Y a-t-il rien de plus ridicule que les petits livres de M. de Ségur? Qui se doute que ce fougueux vieillard menace la France et son gouvernement d'une guerre religieuse, et pousse les instituteurs laïques sur la plate-forme de la guillotine? On ne prend même pas la peine de relever ces insanités, on fait plus que les mépriser, on les ignore; il n'y a heureusement point de passion religieuse en France, et M. de Belcastel est un anachronisme.

Lui. Non, il n'y a point de passion religieuse; mais il y a des passions politiques violentes qui se couvriront volontiers du manteau de la religion.

Moi. Mais cette hypocrisie n'est guère dans nos mœurs, et la nation, au moins, n'en sera pas complice.

La foi ne se procure pas : on l'a ou on ne l'a pas; en 1873, il arrive fréquemment que ceux qui l'ont la perdent, et quand elle est perdue, c'est sans retour.

Amène-moi un homme qui croit, je lui dirai :

« — A quoi donc songent les ministres du culte?

« Toutes les hérésies pullulent, et tous les gouverne-

« ments les protégent ! Des protestants siégent à l'Ins-
« titut, des juifs au Parlement. A quoi s'occupent les
« défenseurs du vrai Dieu ? Louis Veuillot appelle
« Louis Blanc *trognon de plume* ; eh bien, est-ce avec
« ce *mot* qu'il va sauver l'Eglise catholique, aposto-
« lique et romaine ? Il s'agit bien de Louis Blanc ! Il ·
« s'agit de l'empereur d'Allemagne qui détruit la
« fleur même de l'esprit ultramontain ; il s'agit du roi
« d'Italie, le pieux amant de Millefiori, qui traîne sa
« soldatesque dans la ville sainte ; il s'agit de la reine
« Victoria, qui met sa police aux trousses des croyants
« de Belfast ; il s'agit du triomphe de tous les princes
« hérétiques dans tout l'univers !... »

Et mon homme me répondra :

« — Hélas ! hélas ! il n'y a plus de foi. C'est aux
« libres-penseurs que Louis Veuillot s'attaque, parce
« que Louis Veuillot est lui-même un émancipé et un
« esprit fort. Les croyants ont lu Voltaire et ils se
« sont épris de ses grâces diaboliques, et ils perdent
« leur temps à joûter avec Voltaire en se servant de
« ses propres armes, tandis que les sectaires les envi-
« ronnent, tandis que l'armée hérétique, mille fois
« plus exécrable et mille fois plus puissante, établit
« ses retranchements et se prépare à les exterminer. »

L'esprit perd le monde ; la discussion est le dissol-
vant des vieilles croyances et des vieilles idées. Il y a

seulement quatre cents ans, Veuillot eût commencé par faire cuire Louis Blanc avec ses livres, aujourd'hui il n'en va plus de même : Veuillot lit Blanc avant de l'abîmer, et le contact de Satan a d'abord énervé et émasculé ce lutteur.

Lui. Eh ! sans doute, il n'y a plus de foi, mais la lutte n'en est pas moins acharnée, car le préjugé est demeuré. Le préjugé religieux est partout, et cette convention sociale sera plus malaisée à détruire que le fanatisme. Nous avons empaillé la vieille foi de nos pères, et ce simulacre tient lieu d'un sentiment et d'une croyance.

Préjugé, l'homme qui donne une éducation reli_ gieuse à ses enfants, étant lui-même athée.

Préjugé, l'homme qui n'épouse qu'une fille élevée dans des sentiments religieux qu'il tourne en dérision après boire.

M. Prudhomme, je te le dis, est athée au fond ; avec ses amis, il est déiste, et avec le monde, dévot ; M. Prudhomme pratique et déclare que *la religion est une bonne chose.* Eh bien, nous ne demandons qu'à faire voter M. Prudhomme.

Nous avons eu soin de maintenir le plus long-temps possible la division de ce pays-ci en classes qui croient encore leurs intérêts opposés et ne re-marquent pas que les principes de la première révolution les ont réconciliés. Nous comptons sur le bourgeois égoïste et hypocrite, sur l'homme du peuple, qui ne rêve qu'une vaste organisation contre les abus des capitalistes et entrepreneurs, sur l'homme de finance, dont le règne va revenir, et même sur le dévot, qui veut avant toute chose un gouvernement absolu qui l'aide à ruiner les idées libérales. Nous faisons du socialisme avec les uns et du conservatisme avec les autres; nous avons soin de raviver les couleurs du spectre rouge, qui n'a pas cessé d'être le croquemitaine des classes dirigeantes. Le pays le plus facile à gouverner est celui où il y a beaucoup de passions, religieuses, anti-religieuses, socialistes, réactionnaires; faire peser une terreur uniforme sur ces éléments en désaccord est aisé au moins habile aventurier, s'il s'est assuré de l'armée.

Moi. Il me semble que tu comptes trop sur la logique des passions : ne disais-tu pas tout à l'heure qu'il n'y a plus, en ce temps-ci, que des sceptiques dans tous les rangs de la société? Ce scepticisme a pénétré partout, et les partis que tu énumères complaisamment ne sont point animés de cette haine que les hommes politiques de ton bord souhaitent et supposent. Peu à peu la paix se fait dans les esprits. D'ailleurs, si chacun adaptait étroitement sa conduite aux opinions qu'il affiche, il n'y aurait point de société possible. Comment le catholique, qui condamne aux flammes éternelles toute l'antiquité, tous les peuples hérétiques avec l'enfant mort sans baptème, n'égorgerait-il pas le libre-penseur, qui revendique la liberté de conscience pour lui-même et pour le prochain? Comment le matérialiste, qui nie absolument la conscience, se réserverait-il d'être honnête homme, de faire le bien, et prétendrait-il à l'estime de ses semblables? Comment le communiste supporterait-il le monopole, l'exploitation, les priviléges du capitaliste?

Lui. Tous ces gens-là croient aux gendarmes.

Moi. C'est vrai; mais ils sont avant tout sociables et sceptiques. Ils savent que le temps est le grand juge qui seul leur donnera tort ou leur donnera raison; ils prennent le monde comme il est, et seraient peut-être très-embarrassés si un coup de baguette féerique le transformait selon leurs rêves.

Lni. Ce qui n'empêche pas qu'ils mènent grand bruit, se plaignent bien haut et effraient la société.

Moi. Allons donc, c'est vous qui vous emparez de ces discussions, vous seriez bien fâchés qu'elles vinssent à manquer : de quelles menaces useriez-vous, de quels fantômes, de quel croquemitaine, à l'égard de la masse inquiète des petits propriétaires? Vous ne sauriez plus comment les mener. Le monde a été livré à la discussion, selon la parole biblique, mais à la discussion pure, et vous savez bien que plus cette discussion est libre, plus elle est innocente. C'est lorsqu'elle est proscrite, persécutée, qu'elle allume les passions et qu'elle dégénère en batailles sanglantes. Quand viendra le jour où chacun pourra formuler, écrire, imprimer les conceptions les plus folles ou les plus scélérates sans effaroucher personne? Le jour qu'un haussement d'épaules fera justice de vos provocations désespérées?

Lui. Tu ne verras pas ce jour-là, mon cher, ni moi non plus.

Moi. Je travaillerai de tout mon cœur pour qu'il vienne le plus tôt possible. Ce jour-là, les hommes tiendront peu de compte de leurs spéculations respectives : les idées seront un domaine à part pour les oisifs ou pour le délassement des travailleurs; mais ce que les hommes interrogeront exclusivement dans leurs semblables, c'est le caractère et les actes. Alors on pratiquera la seule morale qui soit également profitable à tous les hommes, dans tous les pays et dans tous les temps, parce qu'elle est relative aux pays et aux temps, parce qu'elle élimine l'absolu : c'est cette morale dont nous parlions tout à l'heure, et que tu déclares impraticable, pour ne pas prendre la peine de la propager, cette morale que des idéalistes ont appelée niaisement la morale de l'égoïsme. L'amour de soi, l'amour de sa famille, l'amour de sa patrie, l'amour de ses semblables sont des expressions diverses de cet égoïsme, qui n'exclut et ne tient pour adversaires que le vice, la maladie, la misère, en un seul mot le mal.

Lui. Je parlais ce langage-là, quand j'avais vingt ans.......

Moi. Tu as fait comme M. Batbie, jurisconsulte, et homme d'esprit.

Lui. M. Batbie a écrit qu'il n'y a que les sots qui demeurent républicains passé vingt ans, et M. Batbie, qui est un homme d'esprit, comme tu dis, est arrivé au pouvoir. Je ne vise pas si haut; car je me trouve beaucoup plus puissant dans mon journal que ne l'était M. Batbie dans son ministère. Mais je suis désabusé des utopies autant que toi des faits et des hommes. Je suis plus logique que toi, je m'accommode aux erreurs de mon siècle, et mes arrière-neveux, s'ils sont sages, suivront mon exemple. Tes théories n'ajouteront rien à ton bien-être, ni à celui de l'humanité, et si jamais elles passent dans le domaine des faits, la transition aura été trop longue pour qu'aucun homme se juge ni plus heureux, ni plus malheureux. La perfectibilité humaine est une fiction historique; il est vrai de dire que la monogamie est plus digne que la polygamie, que les chemins de fer sont plus avantageux que les diligences, et que la vapeur et l'électricité, en économisant le temps, ont multiplié la vie et l'activité de l'homme; mais il serait absurde de dire que l'homme était plus malheureux polygame ou voyageant en chaise à porteurs; l'esclave ne souffrait point de sa condition d'esclave. On a changé cela : c'est fort bien. Les vieux préjugés ont disparu pour faire place à d'autres préjugés, et de nouvelles erreurs ont détrôné les vieilles erreurs. Mais la condition de l'individu, sa conscience ont-elles changé? Nullement. Que chacun se soigne de son mieux, et proportionne ses désirs à ses besoins, et la société prospérera: à cet égard, toutes recommandations et tous sermons sont super-flus; quant aux réformes et aux révolutions, laissons faire la force des choses.

Moi. Quel est donc le véritable matérialiste, le né-gateur par excellence, pour qui il n'y a ni concep-tions surnaturelles, ni croyance, ni morale, ni rien que des brutes qui veulent jouir le plus possible avant de crever ?

Est-ce le républicain qui croit à la souveraineté du peuple et à la probité politique? — le libre-pen-seur, le sceptique, qui érigent des monuments à Galilée, et célèbrent le triomphe du génie sur la sot-tise et de la vérité sur l'erreur; — le philanthrope, qui nie le Dieu des armées et rêve d'abolir la guerre; la libre-penseuse, qui veut armer les femmes de science, les affranchir des sollicitations sensuelles et mystiques, — est-ce un Louis Blanc, pénétré de religiosité et de symboles, un Proudhon, revendiquant la Justice contre Dieu même, flétrissant les conceptions malfaisantes de la divinité, les religions et les philosophies funestes; est-ce, enfin, tout ce peuple d'idéalistes et de rêveurs, de proscrits et de martyrs, qui a, dans tous les temps, affirmé et prouvé la perfectibilité indéfinie de l'humanité ?

— Ou, n'est-ce pas le monarchiste, qui voudrait enrayer l'Histoire, et courber une nation majeure sous des priviléges et des abus plus fripés que la garde-robe du dernier de nos rois ?... Le bonapartiste, qui achète les consciences, et appelle sauver une nation, l'asservir, en l'abrutissant par la débauche et par l'agio? Le réactionnaire, enfin, qui observe, comme Tartuffe, si l'on hante les églises, qui prêche le respect de la Force, qu'il appelle le Droit, inventeur et propagateur du scandale, serviteur-né de tous les coups d'Etat, courtisan de tous les princes, aimant mieux les Alsaciens prussiens que républicains, et s'en faisant gloire, le réactionnaire, qui aime l'art, même lubrique, et exècre les artistes, même sévères, qui ne défend pas trop la fille, mais qui recommande le prêtre, qui appelle la guerre une expiation et un exutoire, et qui a découvert que Dieu avait créé les pauvres exprès pour donner aux ventrus comme lui l'occasion d'exercer leur charité ? Réactionnaires : Le commerçant qui exploite la faim pressante du malheureux, et achète un travail de douze heures avec une livre de pain ; — le prêtre qui absout ce commerçant dévôt. — Le soldat qui défend prêtre et commerçant, et fusille au hasard les misérables. — Le législateur qui sanctifie tous ces actes par des dispositions de loi. — L'homme d'Etat qui suspend au besoin ces dispositions elles-mêmes afin de laisser le cours plus libre à ses ressentiments et à ses appétits. Voilà, si l'on sonde leur conscience, de véritables matérialistes : ils sont intelligents, instruits ; ils ont souvent l'expérience des gouvernements et celle des affaires ; ils aiment le luxe, les plaisirs et la parade : entre la poire et le fromage, ils sont sceptiques avec bon goût ; ils hantent les églises ; mais les ecclésiastiques qu'ils admettent à leur table ne parlent pas de *cela*. Ils apprécient les douceurs de la vie et celles du pouvoir. D'ailleurs, ils nient que le pauvre puisse cesser d'être pauvre, et l'ignorant d'être ignorant : derrière ce fatalisme orthodoxe ils dissimulent leur matérialisme ; s'ils n'avaient pas soin d'empêcher par des mesures législatives spéciales que le pauvre cessât d'être pauvre et l'ignorant d'être ignorant; si le suffrage universel devenait intelligent, leur jouissance serait immédiatement diminuée, et ces *classes dirigeantes* seraient obligées d'être *laborieuses*. Quel scandale !

Lui. Mon cher, la révolution est ta carrière, comme dit le moraliste Sardou. Travaille donc dans la révolution, comme d'autres travaillent dans la menuiserie ou dans les arts. Je ne conçois point la jouissance que tu trouves là-dedans, seulement tu seras puni tôt ou tard, que tu aies des succès ou non, pour avoir dérangé mes lecteurs qui ne demandent qu'à faire paisiblement leur digestion.....

Mais quel tapage fait-on donc au-dessus de nous? Cette folle jeunesse ne va pas se taire! Garçon!... Tiens, je reconnais cette voix : c'est celle de Duhald.

Moi. L'auteur dramatique ?

Lui. Attitré aux Folies-Marigny, aux Folies-Montholon, aux Folies-Popincourt...

(*Entre un garçon*.)

Le garçon. Monsieur a sonné ?

Lui. Allez donc dire à Duhald et à ses amis des deux sexes qu'ils fassent moins de tapage, vu que j'agite les grands problèmes avec Monsieur, qui est diplomate.

Moi. Eh, laissons donc ces messieurs libres...

Lui. Chut !... Vous ajouterez que nous portons la santé de ces dames, — pour les apaiser.

(*Le garçon sort.*)

Lui. Quel soupeur charmant que Duhald, — du temps qu'on soupait ! La chute de l'Empire lui a porté un coup.

Moi. Bah !... il s'en relève. Ecoute-le plutôt...

(*Voix lointaine* : « Messieurs et Mesdames, la « scène que nous allons avoir l'honneur de représen-« ter devant vous... » Bruyants éclats de rire.)

Lui. On soupote encore; mais ce n'est plus la gaîté d'autrefois.

(*On frappe.*)

Entrez !

Le garçon. Monsieur, M. Duhald prie ces messieurs de se rendre immédiatement au salon jaune, où ils sont attendus; M. Duhald a dit comme cela que si vous ne veniez pas, il allait défoncer le plafond.

Moi. Non, nous troublerions l'entrain de ces messieurs; nous ne sommes gris que de philosopher, et ce vin est triste.

Lui. Allons, viens donc, je te présenterai et nous couronnerons nos discussions par un toast à *la beauté*.

(*Au garçon.*) C'est Léda qui est là !

Le garçon. Oui, Monsieur, avec madame Jeanne.

Lui. Dites que nous venons...

       (Le garçon sort.)

Ne te fais pas prier, mon cher, elles sont très-gentilles.

(Nous montons, nous enfilons un corridor bas, garni de portes soigneusement closes : un garçon qui fait sentinelle à l'entrée d'un cabinet de toilette nous indique une grande porte cintrée au fond : une fois introduits, nous sommes en présence d'une orgie assez classique. M. Duhald était monté sur la table, couverte de flacons et d'assiettes renversés, et, le pied droit sur un surtout, la tête au plafond, il pérorait. Une femme, assez grasse, était demeurée assise et piquait avec une épingle à cheveux les cuisses de l'orateur, en poussant de grands éclats de rire. Sur un canapé, un autre monsieur se tenait languissamment couché sur les genoux d'une fort belle créature, dont les yeux noyés avaient je ne sais quoi de doux et de brutal : elle regardait sans voir, comme habituée à ce spectacle, son corsage était ouvert, elle souriait.)

Duhald. Messieurs, vous êtes les bienvenus à cette petite fête de famille. Bonjour, Edouard ; monsieur l'ami d'Edouard, j'espère que vous allez bien aussi. Quant à moi, je me porte on ne peut pas mieux... Ouf !... Léda, finis ! offre des siéges ; tu n'as pas de monde du tout, ma chère. Va embrasser monsieur ; — non, pas Edouard, grosse bête, son ami !

Léda. Je veux bien. (*Elle me tend la joue gauche.*) Et la droite aussi : elle serait jalouse... Na !

Duhald. Ah, messieurs, je vous présente mon ami... j'ai oublié son nom. Vous le voyez couché comme cela : c'est par ordonnance du médecin ; il ne faut pas lui en vouloir.

L'ami de Duhald. Bonjour, messieurs ; vous n'a-vez pas soif ? Il fait une chaleur ! Ayez-donc l'obli-geance de me passer la tisane... Merci. Servez-vous ; faites comme chez vous... Boum !

Duhald. A quoi diable avez-vous passé votre soi-rée ? Vous avez dîné ici ?

Lui. Mon cher, nous avons passé deux heures à taper sur les puissances, et à exterminer les préjugés.

L'ami de Duhald. Horreur ! ils ont parlé politi-que. O Phœbé, tu vois ces messieurs : regarde-les bien en face pour les fuir quand tu les rencontreras ; ce sont des députés.

Jeanne. Tu es un imbécile, ces messieurs ont l'air très-bien, au contraire. Ne l'écoutez pas, il est saoûl.

L'ami de Duhald. Mon âme est triste : les cieux se ferment.

Duhald. Charles va nous conter une histoire : sa mélancolie déborde. Ecoutons !

L'ami de Duhald. Il y avait une fois un jeune homme et une jeune fille qui s'aimaient tendrement...

Jeanne (l'embrassant). Comme nous, pas ?

Duhald. A l'ordre, les interrupteurs !

L'ami de Duhald. Mais leurs parents ne voulaient pas consentir à leur mariage, et ils en étaient au désespoir.

Léda. C'étaient des ours !

L'ami de Duhald. Alors, leurs parents revinrent sur cette funeste résolution ; mais la noce ne devait être célébrée que le jour où les deux amoureux auraient détourné et amené dans la ville l'eau fraîche de la source qui coulait de la montagne (*pleurant*) : car le village n'avait pas d'eau potable.

Jeanne. Qu'est-ce qui me verse à boire ?... Merci, monsieur.

Léda. La suite !

Duhald. Les interrupteurs n'auront pas de punch.

Jeanne. Je ne l'aime pas.

L'ami de Duhald. Les deux amoureux se mirent donc à l'œuvre, — et ils creusaient le roc, jour et nuit, sans relâche. Ils creusèrent ainsi pendant quarante ans ; et à l'heure même où l'eau jaillit dans le village, ils moururent tous deux. (*Silence.*)

Jeanne. C'est fini ?

L'ami de Duhald. Apportez-moi un verre de l'eau du ruisseau : sa fraîcheur est inaltérable !

Jeanne. Je ne suis donc pas assez fraîche, méchant !

L'ami de Duhald (déclamant) :

Il nous faut de l'amour, n'en fût-il plus au monde !

Duhald. Jeanne, sers monsieur !

Moi (bas, à Edouard-Edmond). Je vais te laisser, il est tard.

Lui (bas). Attends un instant.

Duhald. Que personne ne sorte !

(*Un garçon entre avec un plateau chargé.*)

Voilà le punch !

Léda (s'approchant de moi). Monsieur, pourquoi est-ce que vous ne dites rien ? Est-ce que c'est vrai que vous êtes un député ?

Moi. Non, ce sont des envieux qui ont dit ça.

Lui. Ma chère, tu perdras ton temps auprès de mon ami, c'est un républicain.

Léda. Ce n'est pas vrai. N'est-ce pas que vous n'êtes pas républicain ? Les républicains, c'est tous des gueux.

Jeanne. Vive l'empereur !

Duhald. Veux-tu te taire, petite perruche, tu vas nous compromettre !

L'ami de Duhald (divaguant)... Pauvres ouvriers sans salaire que nous battons au fond d'un puits !

Léda. Voulez-vous que nous vous grisions?

(*Servant le punch.*)

Jeanne. Plus on est de saoûls, plus on rit !

L'ami de Duhald (*divaguant*). La République universelle a renversé les rois et délivré les peuples...

Duhald. Silence ! Messieurs et Mesdames, vous connaissez tous ma loyauté, ma probité, ma sincérité... (*Criant.*) Tous les garçons, approchez ! Louis! Jean ! Pierre ! Arthur !

(*La porte s'ouvre; un garçon entre.*)

J'ai dit *tous les garçons* ! Toi là-bas, qu'est-ce que tu fais là ?... Il rit... Qu'est-ce qui te fait rire? Il n'y a rien de bête comme de rire sans raison !

Je réfuterai mot pour mot l'argumentation éhontée que vous venez d'entendre. Et, d'abord, n'est-ce pas le symptôme effroyable d'un bouleversement prochain que cette obstination de nos adversaires à remettre à tout propos en question les principes les plus sacrés, les croyances les plus respectables, qui sont comme les fondements sur lesquels reposent toute civilisation, tout ordre, toute Société !

Tous : Assez ! Tu nous embêtes ! à la porte ! Nous prends-tu pour des représentants du peupp !

Duhald. Vos interruptions me prouvent assez que vous m'avez compris : le péril sociââàl m'a seul inspiré de monter sur ce tréteau pour vous faire entendre des paroles graves, très-graves, extrêmement graves !

Tous : A la porte ! académicien ! blagueur ! Jetons-le par terre !

Duhald. Si vous retirez mon tréteau, l'ordre sociââàl tout entier est ébranlé, et le bouleversement qui gronde dans les dernières couches de la société éclate, emportant avec moi dans les embrasements d'un punch immense larges bouteilles et petits flacons, soucoupes, plateaux, demi-tasses. (*Il tombe à la renverse.*)

L'ami de Duhald. Amicus plateau, sed magis amica demi-tasse.

Jeanne. Patatras ! voilà l'Académie à bas !

Moi. Mon cher, retirons-nous ; il va être demain matin, et ces messieurs et ces dames vont rouler sous la table.

Lui. Philosophe, il faut rester jusqu'au bout : j'aime à contempler la nature humaine dans ses défaillances : l'ami de Duhald que tu vois là noyé dans ses larmes est à ses heures un poète exquis ; il était des matinées de Rambouillet. Tu connais Duhald de nom : il a chansonné tes amis, les libéraux, et l'Empereur défunt lui a donné le ruban de la Légion d'honneur de sa main...

Moi. Tous, conservateurs, quoi ! Défenseurs appréciés de la religion, de la famille et de la propriété.

Lui. Comme moi-même !

Duhald (sous la table). — Vive la religion !

Jeanne. Vive la famille !

Léda. Vive la propriété !

(Nous nous esquivâmes. Le boulevard était désert. A l'angle des rues adjacentes, les sergents de ville et les filles causaient pacifiquement...)

Lui. Tout est dans l'ordre : l'hydre de l'anarchie ne se lèvera pas cette nuit, en dépit de tes évocations.

Moi. Je prends par ici. Adieu, réactionnaire.

Lui. Adieu, rêveur ! Va creuser le roc comme les amoureux dont cet ivrogne racontait l'histoire : tu mourras avant d'avoir vu l'eau jaillir.

Moi. Mais quand elle jaillira, elle vous engloutira tous.

Épinal. — Imp. BUSY Frères.

www.ingramcontent.com/pod-product-compliance
Ingram Content Group UK Ltd.
Pitfield, Milton Keynes, MK11 3LW, UK
UKHW021237230726
13926UKWH00003B/1496